Mente
Criminal

ALEXANDER PICHUSHKIN

EL ASESINO DEL AJEDREZ

AMERICAN
BOOK GROUP

INNOVANT PUBLISHING
SC Trade Center: Av. de Les Corts Catalanes 5-7
08174, Sant Cugat del Vallès, Barcelona, España
© 2026, Innovant Publishing SLU
© 2026, TRIALTEA USA, L.C. d.b.a. AMERICAN BOOK GROUP

Director general: Xavier Ferreres
Director editorial: Pablo Montañez
Director de producción: Xavier Clos

Colaboran en la realización de esta obra colectiva:
Directora de márqueting: Núria Franquesa
Project Manager: Anne de Premonville
Office Assistant: Marina Bernshteyn
Director de arte: Oriol Figueras
Diseño y maquetación: Roger Prior
Edición gráfica: Emma Lladó
Coordinación y edición: Adriana Narváez
Seguimiento de autor: Eduardo Blanco
Redacción: María Espósito
Corrección: Olga Gallego García
Créditos fotográficos: © Russian Interior Ministry Museum;
biography.com; ©Alexey Maishev; Izvestia/EAST2WEST NEWS;
©Album/Rue des Archives; Bridgeman Images; Gubin Yury, Kilo
Lux, Konstantin Gushcha, Jonas Petrovas, Bobrin Sky, Vladimir
Mulder/Shutterstock; Creative Commons, Attribution Share Alike
(CC BY-SA).

ISBN: 9781681658995
Library of Congress: 2021946795

Impreso en Estados Unidos de América
Printed in the United States

Índice

Capítulo 1

UN TÉTRICO JUEGO DE AJEDREZ

«Este loco, es tan fascinante, ¿quién es?»
KATYA, media hermana de Alexander Pichushkin,
al saber del asesino en serie por la televisión, 2005.

Abril de 2006. La noche ha caído sobre Moscú y aunque el verano ya está en marcha, aún hace frío, sobre todo cuando baja el sol. La oscuridad se cierne sobre la ciudad, mucho más en el sur: en aquel borde del último anillo que envuelve a la metrópolis, las luces no brillan como en el centro.

Lejos del Kremlin, la Plaza Roja y la increíble catedral de San Basilio, Moscú se vuelve ordinaria y modesta. Aquí y allá se pueden ver las *kruschovkas*, esos bloques de pisos que conforman los barrios obreros soviéticos de los años 60 y que son llamados así por Nikita Kruschov. Grises y algo deteriorados, son testigos de la historia socialista rusa y de la vida cotidiana de miles de asalariados que residen allí con sus familias.

Entre ellos se despliega el parque Bittsevsky, una enorme zona forestal repleta de árboles, caminos y claros, atravesada por el río Chertanovka y el Bitsa, que ocupa cerca de 22 km², más de seis veces la extensión del Central Park de Nueva York. Allí mismo un hombre de unos 30 años, de cabello castaño, ojos marrones, tez cetrina y cuerpo sólido camina serenamente por esos senderos.

No se escuchan los ruidos de la ciudad. Los coches de las avenidas que rodean el bosque repleto de tilos, robles y abetos constituyen solo un murmullo distante en medio de la densa vegetación. El hombre no necesita iluminarse ni pedir indicaciones para encontrar su rumbo: conoce el área como la palma de su mano, porque hace años que la recorre y la utiliza para sus propósitos. Ha bebido bastante esta noche, pero el aire y la caminata han logrado despejarle, y se siente alerta y alegre. Regresa complacido a su casa que se encuentra en uno de los edificios cercanos. Sube las escaleras y entra al apartamento en silencio para no despertar a su madre, que seguramente ya duerme. Su media hermana, junto con su esposo y su hijo, también estarán descansando.

Mejor así, el hombre no desea hablar con nadie, necesita disfrutar de este momento a solas. Entra en la habitación, abre un pequeño armario y extrae un tablero de ajedrez. Con cuidado, lo apoya sobre la superficie de una mesa. Las piezas no se ven por ningún lado. En cambio, 59 casillas se encuentran tapadas por objetos pequeños. Algunas, con monedas; otras, con botones o tapas de botellas. Quedan solo cinco casillas vacías y cada una de ellas tiene un número pintado con rotulador. El hombre mira fijamente la que contiene el número 60.

Con su mano derecha saca del bolsillo el tapón de una botella de vodka, lo mueve entre sus dedos y luego lo apoya cuidadosamente sobre ese casillero, mientras una pequeña sonrisa se dibuja en sus labios. Posa entonces su mirada en los últimos cuatro espacios vacíos del tablero. Su rostro se ensombrece por unos segundos, pero al observar las casillas tapadas, enseguida recobra su buen ánimo y vuelve a sonreír.

Ha sido una noche productiva. Hace algunos minutos acaba de matar a su víctima número 60 aplicándole una buena cantidad de golpes sobre el cráneo con un pesado martillo. Muchas sensaciones todavía recorren su cuerpo y le hacen sentir satisfecho. Pronto necesitará volver al parque a seguir con su tarea, pero por esta noche, puede descansar tranquilo.

Capítulo 2

LA CASILLA 61

«**Pensé en matarla o tomar precauciones.
Finalmente, decidí arriesgarme.**»
Alexander PICHUSHKIN, sobre el asesinato de
Marina Moskalyova, en el juicio de 2007.

La tarde del 14 de junio de 2006, Marina Moskalyova, una mujer de 36 años, se arregló el cabello frente al espejo y revisó rápidamente su cartera para comprobar que tenía todo lo que necesitaba. Un compañero de trabajo le había invitado a dar un paseo por el parque. Ambos estaban empleados en un supermercado de la zona sur de Moscú y las horas se hacían largas en el negocio. Marina merecía un descanso después de tanto esfuerzo. ¿Por qué no aprovechar la ocasión? Una primavera amable y las ganas de divertirse un rato le ayudaron a decidirse.

Antes de salir, Marina intentó comunicarse con su hijo adolescente por teléfono. Fue imposible, así que le escribió una breve nota donde le comentaba sus planes y le dejaba escrito el número de teléfono y el nombre de su acompañante. Caminó las manzanas que la separaban de la estación del metro Novye Cheryomushki y, tras echar un vistazo, divisó a su compañero, un hombre de unos 30 años, de cabello castaño, ojos marrones, tez cetrina y cuerpo sólido.

Se saludaron y subieron al vagón mientras conversaban animadamente. La formación arrancó y después de unos minutos los dejó en la estación Konkovo, a unos metros de su destino: el parque Bittsevsky, o «Bitsa», como suelen apodarlo los moscovitas.

Durante la primavera, es un área muy popular para caminar, hacer deportes, organizar picnics y disfrutar del aire libre, sobre todo entre los asalariados de las zonas periféricas de la ciudad. Incluso en invierno, suele ser visitado por esquiadores que recorren sus senderos. Al anochecer, muchos aprovechan para juntarse a tomar vodka y conversar entre los árboles y el verde. El parque es un buen plan para cualquier pareja.

Para Marina, solo sería un rato en compañía de una persona conocida, alguien con quien de una manera u otra compartía su vida diaria. Al llegar al parque, ella y el hombre comenzaron a dar un paseo mientras intercambiaban anécdotas y opiniones sobre el trabajo, la rutina, sus ideas... Poco a poco, el sol fue cayendo y ya algo cansados, decidieron sentarse en un banco en una zona frondosa y un poco apartada.

El hombre sacó de su bolso una botella de vodka, le dio un trago y se la ofreció a Marina, quien la aceptó, bebió un poco y continuó la charla. A pesar de que hacía ya unas cuantas horas que estaban juntos, Marina, en vez de relajarse, se sentía cada vez más tensa.

Quizá sobrevolaron su mente los titulares de los diarios, las historias que se contaban sobre el parque y el loco que atacaba allí. Cuando se aburrieron de la bebida blanca, tomaron unas cervezas. Volvieron a caminar y se adentraron aún más entre los árboles. Ya era de noche. Un escalofrío recorrió el cuerpo de la mujer contemplando ahora lo solo y oscuro que le parecía el sitio.

En ese momento, Marina le comentó al hombre que ya no podría demorarse mucho tiempo más, porque debía volver a su casa. Su hijo le aguardaba, le había dejado una nota avisándole que saldría con él, pero sería mejor regresar, no fuera que se asustara...

El «maníaco de Bitsa», como habían apodado a Alexander Pichushkin, vivía en un edificio de apartamentos en Moscú, cerca del parque de Bittsevsky.

Él la miró fijamente y una extraña expresión cruzó sus ojos de repente, mientras el silencio se adueñaba del encuentro. Pero a los pocos segundos, volvió a sonreír y le ofreció más bebida. Ambos habían ingerido una buena cantidad de alcohol y los efectos comenzaban a notarse, tanto en las palabras, un poco arrastradas, como en el leve tambaleo de sus pasos.

Sin embargo, al sujeto no le tembló el pulso cuando, de repente y sin mediar palabras ni gestos, se colocó detrás de Marina, introdujo su mano en el bolso que llevaba, sacó un pesado martillo y le asestó un fuerte golpe en la cabeza. La mujer cayó al suelo y allí volvió a recibir otro impacto, y otro... Seis veces cayó el martillo sobre el cráneo de la víctima. Cuando el hombre se aseguró de que estaba muerta, tomó la botella de vodka y la introdujo con fuerza en la herida abierta sobre el cráneo. Su tarea estaba casi lista y ni siquiera se había salpicado una sola gota de sangre. Había tenido la precaución de atacar desde atrás y a cierta distancia: sabía bien lo que hacía.

Entonces arrastró unos metros el cuerpo ensangrentado y deformado y lo llevó hasta el borde de un pequeño arroyo. Allí lo dejó tendido y le echó una última mirada. Luego, guardó el martillo, se dio vuelta y emprendió con calma el regreso a casa. Había pasado por esta situación muchas veces y sabía que llegaría a su hogar sin problemas.

Su experiencia así lo demostraba: venía realizando esta rutina desde hacía varios años y la policía nunca había estado cerca de encontrarle; por eso el hombre estaba convencido de que podía seguir saliéndose con la suya. Es verdad, sin embargo, que sabía que esa noche había superado un límite como nunca. Sabía que la víctima había dejado escrito su nombre y número de teléfono. Una pista clara, siempre y cuando hubiera alguien dispuesto a buscarla. Y últimamente parecía haberlo: la policía rondaba la zona preguntando. Cada vez más agentes, cada día más nerviosos, cada jornada más decididos...

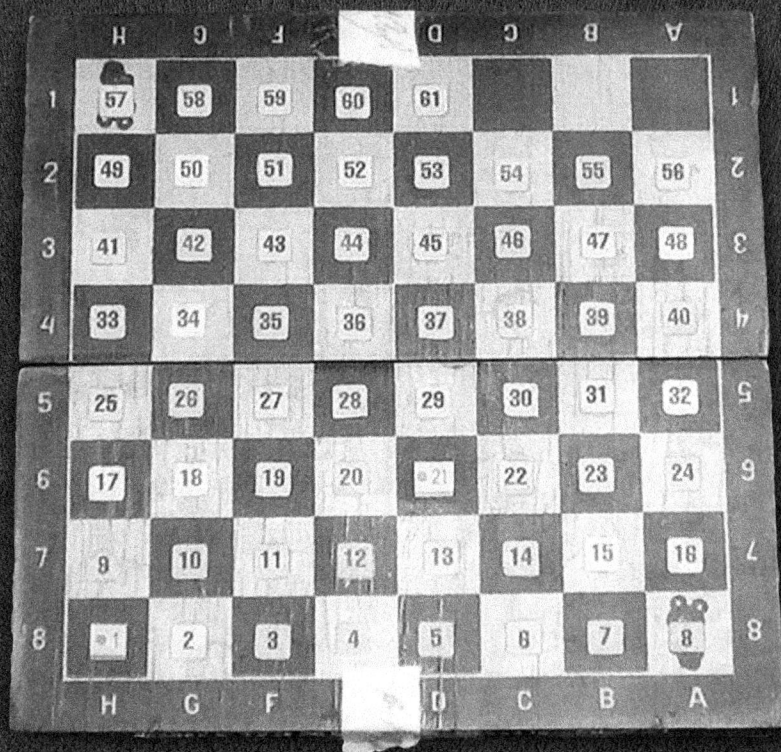

En el ajedrez que encontró la policía en la casa de Pichushkin, las casillas tenían escritos los números desde el uno hasta el 64,. Muchas de ellas estaban cubiertas con tapas de botellas, botones y otros objetos para marcar las víctimas.

Pero la suerte estaba echada, ya no podía volver atrás. Así que con pasos firmes llegó a su edificio, moviéndose con la tranquilidad y la soltura de quien se sabe impune y capaz de seguir burlando a sus perseguidores. Al fin y al cabo, no era una persona cualquiera, no era un ciudadano más: ya se había transformado en un personaje importante en la escena moscovita, al cual la prensa venía nombrando desde hacía meses.

Es más, en los últimos tiempos se había convertido en el centro absoluto de las noticias. Incluso, le habían puesto un apodo, el «maniático de Bitsa». La gente estaba aterrorizada y no paraba de hablar y comentar los hechos que se sucedían en el parque. Esos hechos que él mismo había provocado. Se sentía casi invencible y sabía que tenía a la ciudad en sus manos.

Llamada desestimada

Esa tarde el joven Serguéi volvió a su casa, el hogar que compartía con su madre, Marina Moskalyova, pero ella no estaba. Sobre una mesa, en cambio, halló la nota que le había dejado diciendo que saldría con un amigo. El nombre y número de teléfono estaban anotados. Con el paso de las horas, el muchacho comenzó a inquietarse porque no era común que su madre se retrasara tanto; ya era de noche y aún no había regresado desde el día anterior. Llamó al número de la nota. Un hombre contestó y le informó que conocía a su madre, pero que hacía unos dos meses que no la veía.

Seguidamente y al parecer muy preocupado, Serguéi se comunicó con su padre y este llamó a la policía para denunciar la desaparición de Marina Moskalyova. Otras fuentes indican que fue el mismo joven quien alertó a las autoridades. De cualquier manera, la policía no mostró demasiado interés en la información recibida, a pesar de que la mujer podía ser una nueva víctima del asesino en serie que andaba rondando por el parque. En marzo mismo habían encontrado el cuerpo de Makhmud

Zholdoshev, un joven de 25 años que trabajaba en un supermercado, y en abril, el de Larisa Kulygina.

Pero el hallazgo de cadáveres en el parque había comenzado mucho antes, por lo menos, se remontaba a 2003. Según parece, durante los primeros años las autoridades no fueron muy rigurosas en la investigación, hasta que hacia 2005 la prensa comenzó a difundir los asesinatos y reclamos de una buena cantidad de personas que denunciaban la desaparición de familiares y amigos. A mediados de 2006, la idea de que un asesino en serie andaba suelto sembrando el terror en el parque Bitsa ya estaba en la mente de muchos.

Los periódicos publicaban continuamente datos acerca de los horribles crímenes. Los cuerpos aparecían tirados entre la vegetación, con el cráneo roto y una botella o un palo incrustado en las heridas. Una sensación de fatalidad y pánico se instaló en la sociedad moscovita. La opinión pública coincidía en su reclamo por justicia y en la necesidad de hallar cuanto antes al «maníaco de Bitsa», como lo habían apodado. El ambiente estaba enrarecido, la tensión se percibía en el aire.

La policía sentía la presión tanto del público como de sus funcionarios superiores. Andréi Suprunenko, a cargo de la unidad de élite de la División Homicidios de la policía de Moscú, tomó el caso cuando ya no quedaban dudas de que se enfrentaban a un asesino en serie. «Con cada nuevo cadáver, la presión de la prensa se hacía más y más intensa. La policía y los fiscales nos presionaban para que encontráramos y detuviéramos al asesino cuanto antes. Era una cuestión prioritaria», recordó en el testimonio para un documental de Discovery Channel sobre el tema.

Aunque aún no se tenían certezas sobre la identidad del asesino, con la ayuda del psicólogo forense Mijaíl Vinogradov se logró realizar un perfil del hombre más buscado: tenía unos 30 años, era robusto, con cara triangular y vivía probablemente en el sur de Moscú. ¿Cuánto tardarían en atraparle?

Capítulo 3

JAQUE AL ASESINO

«El maníaco de Bitsa soy yo.»
ALEKSANDR PICHUSHKIN

El parque Bitsa volvió a ser noticia el 15 de junio de 2006, cuando la policía encontró allí el cadáver de una mujer. Su cuerpo presentaba las mismas heridas que los anteriores: golpes en la cabeza y una botella incrustada en el cráneo. Era la víctima número 14 hallada en la zona, aunque solo la segunda mujer. No cabía ninguna duda de que se trataba de una más en la lista macabra del mismo asesino y el equipo de élite de homicidios de la policía de Moscú continuaba sin respuestas. Sin embargo, en esta ocasión y por primera vez en meses, una pequeña luz de esperanza había surgido: en la chaqueta de la mujer muerta, la policía encontró un billete de metro.

Los investigadores procedieron entonces a revisar las grabaciones de las cámaras de seguridad del metro de Moscú con la intención de identificar a la mujer mientras viajaba y descubrir si iba con algún acompañante. Una tarea titánica que insumió horas y horas de trabajo —el metro de Moscú es el más grande del mundo, tiene 230 estaciones, 379 km y unos nueve millones de pasajeros diarios—. Cada imagen fue estudiada con detenimiento y todas las expectativas estaban puestas en esta línea de investigación.

Mientras un grupo de policías se ocupaba de esta misión, el resto seguía trabajando, intentando, sobre todo, identificar a la mujer asesinada. Entonces un nuevo suceso renovó el impulso del equipo: el detective Andréi Suprunenko recibió la llamada de una estación de policía en la que le avisaban que el hijo de la víctima había reconocido el cadáver. Supieron así que se trataba de Marina Moskalyova, de 36 años. El joven informó además que su madre le había dejado un papel con los datos del hombre con el que había salido, un tal Alexander Pichushkin. De repente, todo parecía encaminarse.

Los investigadores se entrevistaron con el joven Serguéi e intentaron reconstruir las últimas horas en la vida de Marina. Mientras tanto, el equipo que laboriosamente estudiaba las cámaras de seguridad logró su cometido. En los vídeos, en medio de miles de pasajeros, identificaron las imágenes de la mujer subiéndose a un vagón en la estación Novye Cheryomushki junto a un hombre, al que lograron identificar como Pichushkin. Luego, la grabación mostraba a la pareja descendiendo en la estación de Konkovo, situada del lado oeste del parque.

Vistas a la distancia, son imágenes aterradoras: Marina camina junto al hombre que horas más tarde sería su asesino; avanzan juntos, él carga una bolsa. Se los ve en el andén, luego en las escaleras, más tarde en la salida hacia la calle. Esta era la prueba contundente que necesitaba la policía para proceder a la aprehensión del sospechoso.

Era la primera vez que estaban tan cerca del culpable y todos en el equipo sentían que la captura del «maníaco de Bitsa» estaba al alcance de sus manos. Faltaba, sin embargo, un paso importante. Tenían que atrapar a Pichushkin lo antes posible sin que sospechara nada para evitar la destrucción de pruebas importantes e impedir cualquier situación violenta.

Al sur de Moscú, en el extenso parque Bitsa,
Alexander Yuryevich Pichushkin se convertía
en un asesino despiadado.

Bomberos, policías y enigmas

La policía logró dar con la dirección de Alexander Pichushkin y planeó cuidadosamente el operativo de captura. El apartamento número 40 estaba situado en la calle Khersonskaya, casa 2, y era parte de uno de los tantos bloques de pisos de la era soviética que se extendían en las cercanías del parque Bitsa. El sospechoso vivía allí junto a su madre, Natalya Pichushkina. Algunas fuentes indican que en la misma casa también habitaban —o al menos lo hicieron durante un tiempo— su media hermana, Katya, con su esposo, también de nombre Alexander, y su hijo de 6 años, Serguéi.

La noche del 16 de junio de 2006 un camión de bomberos llegó hasta la vivienda y, detrás de él, una cantidad de policías vestidos de civil junto a otros uniformados, todos fuertemente armados. La idea era no alertar a nadie sobre el operativo y utilizar a los bomberos como distracción. Debían atrapar rápidamente al sospechoso, sin darle tiempo a reaccionar, ya que era imprescindible mantener inalterables la casa y pertenencias para levantar pruebas.

El oficial de policía Denis Adamenko, quien participaba de la investigación y fue parte del grupo que llegó hasta el lugar, recuerda que «estaba oscuro, serían entre las diez y las once de la noche, aproximadamente». Cuando golpearon la puerta de la vivienda, fue Natalya, la madre de Alexander, quien atendió extrañada porque no habían tocado el timbre de entrada al bloque de pisos. Más tarde, le contó a un periodista que entornó la puerta lentamente y que enseguida una columna de hombres uniformados ingresó por el angosto corredor que llevaba al living, que funcionaba como dormitorio del sospechoso.

Con calma, los agentes le dijeron a Natalya que necesitaban hablar con su hijo acerca de unos robos que se habían producido en la zona. A ella le pareció extraño que hubiera esa cantidad de policías por un simple robo y le preguntó a Alexander si la acusación era cierta. Él lo negó. El hombre estaba a punto de irse a dormir, pero en cuanto oyó una voz que decía «policía», supo que venían por él. Así que les pidió a los oficiales que le permitieran vestirse. A continuación, se levantó, se puso su ropa, tomó su abrigo y salió con las autoridades sin oponer ningún tipo de resistencia. Según Adamenko, estaba totalmente tranquilo y los investigadores se sintieron muy satisfechos con su labor.

Varios oficiales permanecieron en la vivienda y le entregaron una documentación a la madre de Pichushkin donde se explicaba el verdadero motivo de la detención y la acusación que enfrentaba su hijo. La mujer quedó sin habla, totalmente anonadada, sin poder reaccionar. Era la peor noticia que una madre podía recibir y supo que su vida había cambiado para siempre en ese instante.

De inmediato, los investigadores registraron minuciosamente el apartamento. Detectives, agentes y expertos forenses pasaron la noche estudiando cada centímetro cuadrado, cada papel, cada rincón. Necesitaban ser muy rigurosos, ya que si el sospechoso era quien pensaban que era, de ellos dependía enviarle a prisión de por vida.

En su búsqueda, hallaron el tablero de ajedrez que se haría famoso y le daría a Pichushkin uno de sus apodos: el «asesino del tablero de ajedrez». Las casillas tenían escritos los números desde el uno hasta el 64, y muchas de ellas estaban cubiertas con tapas de botellas, botones y otros objetos. En un primer momento, los policías no sabían qué pensar sobre este hallazgo, ¿cuál sería su significado?

Más adelante, fue el mismo Pichushkin quien lo explicaría, cuando confesó que su objetivo era marcar cada uno de sus asesinatos en el tablero. Sin embargo, más tarde él mismo se desdijo y admitió que, de no haber sido atrapado, jamás hubiera dejado de matar, el pequeño mundo del tablero de ajedrez no habría sido suficiente. «Nunca me hubiera detenido, nunca. Salvaron muchas vidas cuando me capturaron», dijo.

Algunos medios indicaron que entre sus pertenencias encontraron también un martillo y distintos recortes de prensa acerca del caso y sobre el juicio a Andréi Chikatilo, el famoso asesino en serie ruso apodado «el carnicero de Rostov», condenado por 53 homicidios. También dijeron haber hallado una copia del libro *Cómo ganar amigos e influir sobre las personas*, de Dale Carnegie. Según parece, el libro le habría ayudado a acercarse a sus víctimas de manera que se sintieran tranquilas y confiadas.

Apenas fue llevado a las dependencias policiales, Pichushkin negó rotundamente estar involucrado en el asesinato de Marina Moskalyova. Reconoció que la conocía —algo que era muy difícil de desestimar, ya que ambos trabajaban en el mismo supermercado—; pero afirmó que él no la había matado.

Sin embargo, cuando los investigadores le informaron sobre la nota que la mujer había dejado con sus datos y le mostraron el vídeo de seguridad del metro, Alexander vaciló. Seguramente, se dio cuenta de que estaba acorralado y de que ya no tenía salida. A las pocas horas, confesó el asesinato. Y no solo eso, también pronunció las palabras que la policía deseaba escuchar hacía mucho tiempo: «El maníaco de Bitsa soy yo». El paso más importante estaba dado, pero las autoridades aún tenían mucho trabajo por hacer.

Capítulo 4

CASI COMO DIOS

> «Durante 14 años hice lo que se me vino en gana,
> era casi como Dios, nadie podía frenarme.»
>
> Alexander PICHUSHKIN

El «maníaco de Bitsa» había sido descubierto y atrapado: la noticia voló como reguero de pólvora, primero en los medios locales y muy pronto en el plano internacional. Periódicos y noticieros de todo el mundo relataron sus crímenes en detalle, y especialistas en criminología, psicólogos y aficionados intentaron explicar sus acciones y métodos.

Mientras el resto del mundo seguía de cerca el caso, los vecinos de Alexander no podían creer las noticias. Todos le conocían de pequeño y le habían visto crecer. Ellos habían compartido ese barrio sencillo del sur de Moscú durante prácticamente toda su vida con ese hombre igual que todos, sin ninguna característica que le destacara del resto, ese hombre que como por arte de magia se había transformado en un «monstruo».

Los periodistas descendieron sobre los bloques de pisos de la calle Khersonskaya intentando encontrar testimonios y datos reveladores, pero la gente del lugar tenía más preguntas que respuestas. Gran parte de las víctimas eran habitantes del mismo edificio donde vivía Pichushkin o de otros bloques similares de las manzanas siguientes. Los familiares de estas personas eran, al mismo tiempo, testigos y damnificados.

Todo había comenzado unos años antes. Como gotas que caen del grifo, poco a poco y uno tras otro, varios hombres de la zona se habían ido desvaneciendo de la faz de la Tierra sin dejar rastros. Y las mujeres habían recorrido las calles buscando a sus maridos, hijos y hermanos, preguntando si les habían visto, siguiendo sus últimos rastros con desesperación, ignorantes de su destino.

Algunos parientes o amigos habían hecho las denuncias correspondientes a la policía; otros ni siquiera se habían molestado, convencidos de que nada bueno saldría de un encuentro con las autoridades. No confiaban en ellas y sabían, por experiencia, que las personas de su barrio y de su estatus social no solían generar ningún esfuerzo por parte de los uniformados. Y algo de razón tendrían, ya que durante muchos años nadie pudo saber qué había sucedido.

Pero a finales de 2005 la prensa comenzó a hacerse eco de los hechos, y no era para menos después de que alrededor de una docena de cuerpos fuera hallada en el parque Bitsa. Los vecinos entraron en pánico, estaban en medio de una tormenta perfecta y no se veía ninguna solución a corto plazo. Muchos de ellos dejaron de adentrarse en el bosque y solo miraban de lejos el verde de la arboleda. En 2006, con la detención de Pichushkin, enfrentaron súbitamente la dura realidad: era muy probable que la mayoría de las personas desaparecidas hubiera sido víctima del «maníaco de Bitsa» y era muy factible que ese maníaco fuera el muchacho que conocían de toda la vida.

¿Pero de verdad le conocían? Porque no tenían muchos datos que brindar a la policía ni a los periodistas, no más que su desconcierto y algunas anécdotas sueltas. Al parecer, Alexander Pichushkin era un sujeto bastante reservado, que salía a trabajar y a pasear por el parque, que tomaba vodka y jugaba al ajedrez. Muchos le describieron como un muchacho educado e incluso amable, pero al mismo tiempo, otros testigos le calificaron como hosco y huraño. Sus jefes en el supermercado donde trabajaba, en cambio, dieron buenas referencias: nunca tuvieron una queja.

Algunos vecinos cercanos manifestaron su testimonio a la prensa, ávida de saber quién era Pichushkin en realidad. James Rodgers fue uno de los periodistas de la BBC —la televisión pública británica con corresponsalía en Moscú— asignados al caso. En sus reportes, Rodgers habló con Svetlana Mortyakova, una mujer de 70 años que vivía en el apartamento de abajo al del asesino. La imagen que tenía de él era la de un muchacho respetuoso y amable al que le gustaban los animales. Recordó que su hija le dio la noticia de la identidad del homicida y que no podía creerlo. «Me llamaba tía Sveta», le contó al periodista. «¡Y pensar que durante 40 años viví en el mismo edificio que un maníaco!».

La revista *Newsweek*, por su parte, publicó las palabras de una vecina llamada Kira, quien relató que su hermano menor solía jugar con Alexander cuando eran pequeños. Dijo que era un joven amigable y tranquilo, pero que desde temprana edad sabía cómo manipular a la gente. En los últimos años, al parecer, le había visto decaer en gran medida y llegar al bloque de pisos totalmente alcoholizado, sin poder siquiera subir las escaleras hasta su apartamento.

Yuri Borisov, otro vecino que habló en uno de los documentales realizados sobre Pichushkin, opinó que era muy reservado y que no hablaba mucho de sí mismo. «No era demasiado sociable. A lo mejor se la pasaba un rato contigo sin decir una palabra y se iba sin despedirse», comentó. También contó que conocía personalmente a más de la mitad de las personas asesinadas por Pichushkin. «Yo mismo podría haber sido una de las víctimas», reflexionó.

Poco a poco, el público fue formándose una imagen del asesino. Resultaba extraño y aterrorizante saber que había marcado prácticamente cada uno de los bloques de pisos de la manzana con un asesinato. Un hombre que simplemente parecía seguir su rutina, sin intervenir demasiado en la vida de los demás, al que se le veía dando largas caminatas por el parque cercano, resultó tener un pasatiempo desconocido y terrible: asesinar personas en el parque ubicado frente a sus casas y marcarlas con tapas de bebidas y botones en ese pequeño tablero de ajedrez, un laberinto con casi sus 64 casillas ocupadas por cadáveres.

Confesiones y detalles

Mientras el público devoraba horas de televisión y decenas de páginas de periódicos y revistas que informaban sobre las acciones de Pichushkin, las autoridades seguían abocadas a construir un caso sólido para condenarle. Una vez que Alexander Pichushkin confesó el asesinato de Marina Moskalyova, pronto se autoincriminó también como el autor de los otros homicidios cometidos en el parque Bitsa. Para junio de 2006, la policía había encontrado 14 cadáveres en el lugar. Pero eso no era todo, días después de estar detenido, Pichushkin realizó una declaración que dejaría atónitos a todos.

Ya sabían que era el «maníaco de Bitsa», pero nadie podía imaginar lo que eso significaba en realidad, hasta que el acusado dijo algo que nadie esperaba: «En total he cometido 61 asesinatos, 60 en el territorio del parque forestal Bittsevsky. Durante 14 años hice lo que se me vino en gana, era casi como Dios, nadie podía frenarme». ¿Cómo era posible? ¿Serían ciertas las afirmaciones del asesino?

Para los investigadores, era difícil pensar que podía haber todavía decenas de cadáveres olvidados de los que no habían hallado rastros a pesar de haber examinado toda el área. Fue un momento clave, el instante en que vieron con claridad que el

El asesino elegía entre sus víctimas a hombres pobres, sin trabajo y que merodeaban por los alrededores del parque Bitsa.

trabajo que tenían por delante era enorme, mucho más grande de lo que habían pensado. Asimismo, tanto los agentes de la policía como los fiscales sabían que sus superiores y la prensa seguían ejerciendo una enorme presión sobre ellos, y que a partir de ahora sería mucho más fuerte.

Conscientes de que el juicio a Alexander Pichushkin constituiría un evento mundial, absolutamente atravesado por los medios y la opinión pública, consideraron fundamental construir un caso sin fisuras, en el que no hubiera duda alguna a fin de lograr que el proceso pudiera llegar al único fin esperable: una condena segura.

Uno de los puntos clave para que esto sucediera era confirmar que el acusado podía ser llevado a juicio: había que evaluar su salud mental. Para ello, encargaron un estudio a los especialistas del Centro Científico Estatal Serbsky de Psiquiatría Social y Forense, comúnmente conocido como «Instituto Serbsky». El principal centro de Psicología Forense en Rusia había tenido una reputación dudosa en el pasado por su trato a los disidentes soviéticos, sin embargo, en ese momento ya se constituía como una institución fundamental para la Justicia rusa.

Después de unos meses de entrevistarse con Pichushkin, la comisión de expertos concluyó que sus acciones tenían un propósito, que eran sistemáticas y que era consciente de lo que estaba haciendo. Por lo tanto, el criminal comprendía que había actuado en contra de la Ley, no podía ser considerado un enfermo mental y era capaz de enfrentar el proceso judicial que le aguardaba.

Sin embargo, el equipo de médicos también afirmó que el acusado poseía ciertas características patológicas. Evgeniy Machushkin, uno de los psiquiatras que le evaluó, opinó que el asesino en serie no era feliz, que solo se dedicaba a trabajar, que llevaba una vida solitaria y que tenía una tendencia a las actividades sádicas y agresivas. Es así que cometía los asesinatos en busca de placer y satisfacción sexual. A diferencia de Chikatilo, considerado un «predador sexual», el sexo para él constituía un elemento secundario. Durante el juicio, Pichushkin declaró que, a veces, solía eyacular mientras asesinaba, pero que no había cometido violaciones.

Los psiquiatras se dieron cuenta de que el patrón de conducta de Pichushkin era complicado, pero lograron entablar conversaciones con el acusado. Se enteraron, por ejemplo, de que había intentado vivir con mujeres en varias ocasiones y que incluso había tratado de formar una familia, pero había fracasado en su intento. Las cosas no habían salido como él esperaba.

Mientras el equipo de Psicología Forense trabajaba, la policía y la fiscalía no se quedaban de brazos cruzados. El investigador Andréi Suprunenko sabía que debían ser meticulosos, ordenados y prolijos: «Necesitábamos probarlo todo y eso quería decir que teníamos mucho trabajo por delante antes de dar por cerrado el caso. Él (Pichushkin) podía decir cualquier cosa, pero nosotros no podíamos creer nada a menos que tuviéramos pruebas». ¿Y cómo obtener esas pruebas? El asesino, gracias a su memoria detallista, podía ser de gran ayuda.

Dos meses después del arresto, Pichushkin accedió a hacer una confesión oficial. La cadena de televisión NTV grabó su declaración como inculpado para evitar acusaciones de haberla obtenido bajo coacción, algo habitual en el régimen soviético. Los interrogatorios continuaron con la intención de obtener la mayor cantidad de información posible. La investigadora de la fiscalía, Valeria Suchkova, fue una de las encargadas de entablar una relación directa y personal con el acusado para intentar que siguiera hablando y dando información precisa.

Durante horas, mientras Pichushkin relataba sus crímenes, Suchkova iba haciéndole algunas preguntas. «Era terrible escuchar las cosas que decía, incluso para mí, una investigadora con experiencia, percibir el placer y el deleite en su voz cuando describía cómo aplastaba sus cráneos y les clavaba palos y botellas en las heridas», contó Valeria Suchkova.

Por otra parte, se realizó una reconstrucción de cada uno de los ataques: esposado al agente Denis Adamenko, Pichushkin les acompañó y fue relatando cada uno de los asesinatos que había perpetrado, así como el lugar exacto donde habían acaecido. Debían impulsar al asesino a revivir sus ataques, a pesar de que tuvieran que soportar el placer que le provocaba revivirlos. Lo importante era su palabra para dar testimonio directo y encontrar los cuerpos y las pruebas para condenarle.

Un equipo de filmación grabó cada una de esas visitas al parque Bitsa. Maxim Zharkov formaba parte del equipo y fue quien sostuvo la cámara: «Fui al parque Bitsa con Pichushkin 27 veces en total y filmé más de 40 horas de vídeo». Las imágenes eran elocuentes y aterradoras: en ellas se ve una cantidad de agentes de la policía recorriendo distintas zonas del parque, mientras el acusado recrea las acciones con un maniquí y un martillo de madera. Pichushkin mostraba cómo mataba. Generalmente, lo hacía de espaldas a la víctima, desde atrás, dándole golpes con el martillo e incluso continuando con el ataque cuando la persona ya estaba en el suelo agonizando.

Mientras revivía los crímenes, Pichushkin describía lo sucedido. En una ocasión, por ejemplo, dijo: «Le golpeé aquí varias veces en la cabeza para rompérsela. Después le clavé la botella de vodka, quería usar un palo pero no cabía, lo tiré y clavé la botella. Estuvo resollando mucho tiempo, incluso cuando ya estaba muerto, lo golpeé otra vez en la mandíbula». Ese fue el modo en que llevó a cabo la mayor parte de sus asesinatos.

Por lo común, entablaba conversación con su futura víctima y le invitaba a beber vodka en el parque; muchas veces, poniendo como excusa que quería mostrarle la tumba de su perro y brindar juntos en su honor. Le gustaba elegir sobre todo hombres mayores, muchos de ellos pobres, desempleados y sin hogar. Caminaba con ellos hasta distintos sitios de la zona arbolada del parque Bitsa y allí les asesinaba.

Durante los primeros años, arrojaba los cuerpos a los pozos de las alcantarillas que recorren de forma subterránea gran parte del parque y de la zona sur de Moscú.

Después, simplemente volvía a tapar las bocas de los pozos con sus pesadas tapas y se retiraba del lugar. En los últimos años de su carrera delictiva, sin embargo, Pichushkin cambió de método: dejó de arrojar los cadáveres al agua y optó en cambio por dejarles tirados sobre la tierra o en algún arroyo. ¿Acaso quería comunicar algo actuando de ese modo? ¿Deseaba que le atraparan? Algunos de estos cuerpos fueron los que la policía pudo hallar antes de capturarle. Después, con su guía, volvieron a «peinar» el parque, las alcantarillas y cada espacio donde el asesino recordaba haberse cobrado una víctima.

Consiguieron así recuperar algunos restos más y gracias al análisis de su ADN fueron capaces de identificarles con nombre y apellido. Según Andréi Suprunenko «el hecho de que recordara con tanto detalle lo que había hecho en cada momento fue de mucha ayuda, él conocía el bosque muy bien y nos enseñó los lugares exactos donde había cometido sus crímenes».

Fue en uno de estos cuerpos donde los científicos hallaron restos de plástico. Al examinarlos, concluyeron que podrían formar parte del objeto usado para golpear a la víctima. En su requisa en la casa de Pichushkin, la policía había recuperado un martillo y el mismo Alexander había afirmado que le pertenecía y que con él había asesinado a muchas de sus víctimas. Cuando fue analizado por los científicos forenses, descubrieron que presentaba algunas marcas en la superficie del mango, cerca de la cabeza. Al comparar las partículas que se habían encontrado en el cadáver, fue evidente que formaban parte de ese mango: tenían el arma homicida.

El detective Suprunenko afirmó que todas las acciones de Pichushkin «iban encaminadas a cometer tantos asesinatos como fuera posible». El mismo acusado corroboró esta suposición cuando confesó su admiración por Andréi Chikatilo y su deseo de superarle para convertirse en el máximo asesino en serie ruso. Por lo tanto, la reconstrucción de sus ataques era tan importante para él como para la policía: necesitaba que cada uno de ellos fuera probado para lograr ascender al número uno en el podio de los homicidas rusos. Sin cuerpos de víctimas, sin pruebas y sin confesión, no podría conseguirlo.

Finalmente, después de 14 meses agotadores, el 13 de agosto de 2007 el arduo y penoso trabajo de la policía llegó a su fin: las autoridades revelaron que habían encontrado pruebas para acusar a Pichushkin de un total de 49 asesinatos y de tres intentos de homicidio. A las autoridades les alcanzaba, pero el asesino quedaba por debajo de la marca que buscaba.

Le comparaban con los más famosos y prolíficos asesinos en serie del mundo, como Jeffrey Dahmer o Ted Bundy. A partir de aquel momento, Pichushkin trascendió su monótona existencia y se convirtió rápidamente en un nuevo personaje con nombre propio: el «asesino del tablero de ajedrez».

El juicio

El juicio contra Alexander Pichushkin comenzó el 13 de septiembre de 2007. En la primera audiencia, la gente colmó la sala de los tribunales de Moscú. Además del juez, el jurado, los fiscales y los testigos, estaban presentes investigadores, familiares y amigos de las víctimas, así como el público curioso y la prensa.

El espacio rectangular contaba con varias hileras de sillas para los asistentes y en uno de sus extremos se ubicó el juez, Vladimir Usov, con el jurado situado a su lado. Pichushkin entró esposado y fue ubicado en una especie de «jaula» vidriada en uno de los lados, de forma paralela al público. Por la violencia de sus acciones y la notoriedad de sus crímenes, se temía por su seguridad, y esta fue la manera de protegerle.

Los policías y fiscales que habían comenzado a conocerle durante poco más de un año de investigación creían, además, que el asesino disfrutaría su momento de fama y que aprovecharía la ocasión para quedar en la mente de los asistentes como un gran personaje. Para muchos de los que habían perdido a un ser querido, esta era la oportunidad de saber qué había sucedido exactamente y quizá el único modo de dar un cierre y poder llorar a sus muertos. Pichushkin, por su parte, se movía como un animal enjaulado en el cubo de vidrio: miraba a la gente, bajaba los ojos, a veces caminaba, en ocasiones permanecía sentado...

En esa primera vista, el fiscal del Estado, Yuri Semin, leyó la acusación: 49 asesinatos y otros tres intentos de homicidio. Vladimidr Usov, el juez de la causa, le preguntó a Pichushkin si se declaraba culpable. La respuesta sorprendió a todos: «Quiero decir que varios problemas de naturaleza personal aún no se han resuelto y por lo tanto hoy no me declararé culpable ni daré ninguna prueba».

En ese momento, el problema era que Pichushkin deseaba ser transferido de la celda que ocupaba en la aislada prisión moscovita de Butyrka a una cárcel más cercana a los tribunales donde había estado alojado durante la investigación, conocida como Matrosskaya Tishina. La madre del acusado declaró que su hijo era maltratado y que incluso ella misma había tenido problemas para verle allí. Pichushkin seguía intentando ejercer su poder de manipulación, algo que los policías conocían bien, ya que había exigido distintas cosas durante los meses anteriores con la promesa de seguir confesando detalladamente.

Hubo numerosas audiencias y en cada una de ellas se relataron entre cinco y seis asesinatos cometidos por Pichushkin, muchas veces con la presencia de los familiares en la sala escuchando cómo habían sido los horrorosos últimos momentos de sus deudos. El acusado en principio fue muy reservado, solo asentía cuando le hacían preguntas para afirmar que había sido el autor del asesinato al que se estaban refiriendo. Una vez que se resolvió su traslado a la prisión que él prefería, se volvió más locuaz y cuando le

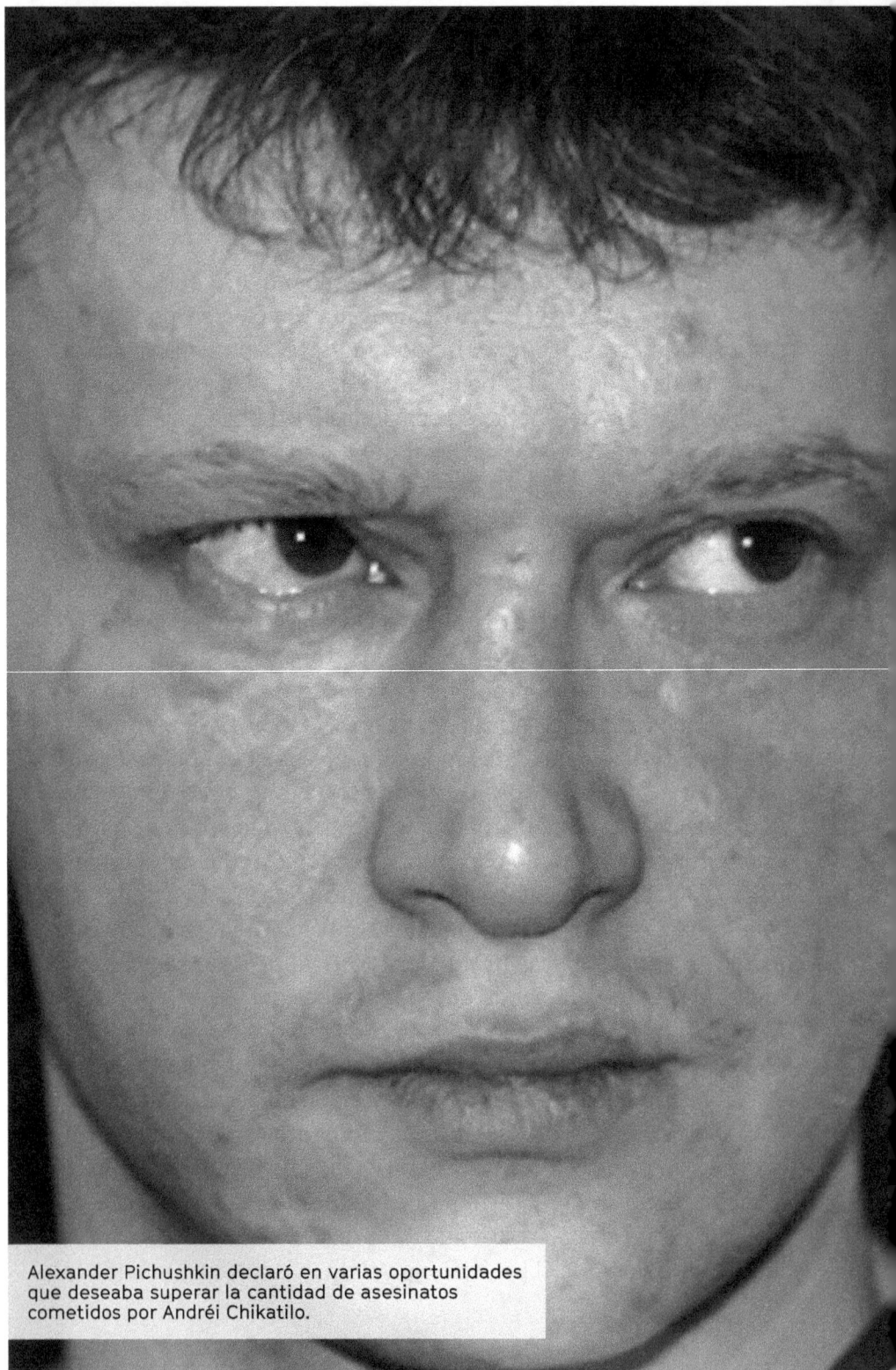

Alexander Pichushkin declaró en varias oportunidades que deseaba superar la cantidad de asesinatos cometidos por Andréi Chikatilo.

tocó declarar nuevamente, fue detallando punto por punto cómo había asesinado a sus víctimas. Es más, incluso dijo algunas frases que parecían especialmente pensadas para ser reproducidas por la prensa. Eso sí, hubo una actitud que no cambió en ningún momento: nunca mostró remordimiento ni pidió perdón.

Entre el público presente, eran muchos los que conocían a Pichushkin personalmente. Era el caso de los familiares de los vecinos asesinados por el «maníaco de Bitsa». Para ellos era aún más difícil escuchar los relatos y vincular al hombre encerrado en la jaula de vidrio con el que caminaba por los patios de los bloques de pisos o se sentaba a jugar al ajedrez en el parque.

Durante una de las audiencias, María Semenenko, del equipo de la fiscalía, le preguntó si su intención era matar a todas las personas que conocía. Pichushkin contó que cuando no lograba combinar un encuentro con alguien cercano, salía de «cacería» por las calles. Buscaba, sobre todo, a personas ociosas y con ganas de conversar. «Podía ser el oyente más interesado y amigable para mis víctimas», señaló.

Al término de cada audiencia, la tensión podía sentirse en la sala y siempre había alguien que le increpaba. Una mujer, por ejemplo, le exigió saber por qué había cometido sus ataques y arruinando tantas almas. El asesino simplemente desechó su pregunta y no dio más explicaciones.

«Mi cliente admite todo lo que dijeron los acusadores. La única pregunta son las razones de Pichushkin y si la crueldad estuvo en sus acciones», declaró en aquel momento su abogado, Pavel Ivánnikov. El 10 de octubre, Pichushkin solicitó al juez que añadiera en la acusación otros 11 asesinatos. Tal vez, aún seguía pensando en superar a Chikatilo o quería hacerse el listo frente al público. «Sería injusto olvidar a 11 personas, eso me asusta. La oficina del fiscal sabe de lo que estoy hablando. No están interesados en estas personas, aunque se encontraron sus cadáveres. Bueno, está bien. Es más fácil para mí».

En distintas ocasiones, Pichushkin se dirigió al juez o a los fiscales intentando provocarles. En una de las audiencias, por ejemplo, reflexionó sobre sus crímenes y el posible castigo que le cabría. «Incluso suponiendo que permanezca en prisión durante 61 años, es decir, toda una vida humana, resultará un año por cada asesinato. ¡Dan más por robo! Y si me matan, entonces me matarán una vez. Es decir, no seré el perdedor con ninguna opción».

Los días fueron pasando y los testimonios se acumularon: declararon más de 40 familiares de las víctimas y cerca de 100 testigos. Entre ellos hubo una persona muy especial, cuyas palabras dieron al caso un nuevo matiz.

Salvada de milagro

El «asesino del tablero de ajedrez» tenía sus acciones bien pensadas y organizadas; sabía cómo deseaba llevar a cabo sus ataques. Sin embargo, no siempre salía todo exactamente como lo planeaba.

El 23 de febrero de 2002 se acercó a una joven cerca de la entrada del metro. Era María Viricheva, de 19 años, quien estaba embarazada. Algunas fuentes dicen que Pichushkin conocía a su novio y sabía que tenían problemas de pareja; otras indican que Alexander le identificó porque había conocidos en común. Lo cierto es que la saludó, conversó con ella unos minutos y le hizo una oferta tentadora: le contó que tenía unas cámaras escondidas en el parque Bitsa obtenidas en el mercado negro, y que si le ayudaba a encontrar un nuevo lugar donde ocultarlas le daría alguna para que la vendiera.

María, o «Masha» como le decían, estaba sola, embarazada, sin dinero y residía ilegalmente en Moscú. Alguien que le escuchara y que además pudiera proporcionarle algo de dinero era más de lo que había tenido en varios meses. El joven le pareció un chico normal, trabajador, agradable... Así que le acompañó al parque, pero cuando se iban internando en el bosque comenzó a dudar y a sentirse incómoda. Ya estaban lejos de las calles y no se veían los senderos de tierra. ¿Qué buscaban? Alexander se detuvo y le mostró la entrada al pozo de una alcantarilla, con la tapa metálica retirada. «Las cámaras están allí dentro, sácalas», le ordenó.

María sintió que un escalofrío recorría su cuerpo y el miedo se apoderó de ella. Posó sus ojos en la profundidad oscura del pozo y en ese momento sintió un golpe en su cabeza, al cual pronto le siguieron más. Alexander le empujó hacia la abertura, pero ella logró aferrarse del borde y gritar. Entonces, le tomó del cabello y empujó su cabeza contra la tapa de metal. María quedó aturdida y se soltó. Cayó en caída libre casi ocho metros dentro del pozo y terminó impactando contra las heladas aguas que recorrían las alcantarillas subterráneas. «Empecé a ahogarme, llevaba un abrigo de invierno y la fuerza de la corriente me arrastraba, la tubería era inmensa y me estaba ahogando de tanta agua, tuve que quitarme el abrigo para poder respirar. Es verdad eso que dicen que cuando estás al borde de la muerte ves pasar toda tu vida ante ti», contó la joven durante su testimonio.

Tal vez, María no solo vio su pasado, sino que quiso proteger su futuro a toda costa. Consiguió tomarse de un asidero metálico que halló en la oscuridad. Era una escalera que llevaba hasta la superficie, pero por más que lo intentó no logró levantar la tapa de hierro, que pesaba unos 40 kg. Así que pasó toda la noche bajo tierra, temblando de frío y de terror, enterrada viva en una cueva helada y húmeda. Cada tanto, reunía fuerzas para gritar y pedir ayuda, pero solo le respondía un silencio ensordecedor.

Finalmente, por la mañana, una persona que caminaba por el parque oyó su voz y la ayudó a salir. Enseguida la trasladaron al hospital, donde pasó más de una semana recuperándose. Aunque tenía miedo, habló con la policía: contó todo lo sucedido y describió con detalle a su agresor. Sin embargo, las autoridades no hicieron nada, temiendo quizá el arduo trabajo que suponía seguir esa pista.

Todavía nadie pensaba en un asesino en serie ni en un caso mediático. Se trataba de una simple chica pobre y sola, que molestaba con un reclamo. Es decir, «nadie». Otra versión, relatada por el periodista Peter Savodnik en un artículo de la revista GQ, indica que como María no tenía «papeles», la policía le sugirió no hacer la denuncia y le perdonó su situación ilegal que, entonces, afectaba a miles de residentes de Moscú.

Lo cierto es que el relato de María quedó archivado y se perdió entre otros cientos de papeles. Meses después nació su hija sana y a salvo, y este episodio quedó enterrado en el territorio de las pesadillas hasta que regresó a su conciencia en 2006, cuando detuvieron a Pichushkin.

La sentencia

Después de semanas de ver a Pichushkin en una jaula de vidrio y de escuchar los estremecedores testimonios del acusado, de los testigos y de los especialistas, el 24 de octubre de 2007 el juez Vladimir Usov envió al jurado a deliberar sobre la única pregunta posible: ¿era el «maníaco de Bitsa» culpable o inocente de los crímenes que se le imputaban?

De los 52 cargos originales, 49 asesinatos y tres intentos de homicidio, la acusación finalmente había quedado reducida a 51, debido a que uno de los asesinatos había prescrito y, aunque cueste creerlo, se trataba del crimen de su amigo Mijaíl Odiychuk, cometido en 1992.

Con respecto a cada uno de los otros 51 cargos, al jurado se le hicieron dos tipos de preguntas: la primera versaba sobre cómo se había cometido el crimen y se le pedía confirmar si en su opinión había sucedido esto o no; la segunda consulta era si consideraba que Pichushkin era culpable de cada uno de los hechos en cuestión. Todos los miembros del jurado respondieron que sí a todas las preguntas y de forma unánime. Después de menos de tres horas de deliberación, el jurado había finalizado su labor y se retiró de los tribunales con la tarea cumplida. Le tocó al juez y a los fiscales resolver la condena efectiva que cumpliría el asesino. Para ello, se tomarían varios días.

El fiscal Yuri Semin instó a condenar a Pichushkin a cadena perpetua. El juez consultó a Semin sobre los otros 11 asesinatos que el homicida se atribuía, pero decidieron no presentar cargos por estos hechos, ya que no contaban con las pruebas necesarias.

El fiscal Semin aclaró luego que abriría otro caso penal contra el agente que había dejado de lado la denuncia de María Viricheva. El episodio en el que no se tomó en cuenta la denuncia de la joven fue en realidad solo una muestra del accionar de la policía durante esos años. Incluso, el abogado del asesino, Pavel Ivánnikov, culpó a las autoridades por el hecho de que su representado hubiera logrado cometer tan larga lista de crímenes: «Mi cliente confesó que cometió su primer asesinato en 1992, pero la policía recién logró capturarlo ahora. Incluso mi cliente está avergonzado de la pereza de la policía».

Ivánnikov dirigió unas últimas palabras a la prensa y en sus declaraciones quedó claro lo complicada que su tarea le había resultado: «Es difícil discutir algo con él porque es imposible estar de acuerdo. Por lo tanto, desarrollar una línea de defensa también es imposible. Es decir, habiendo acordado con él sobre una cosa hoy, mañana será completamente diferente».

Pichushkin hizo uso de la palabra al final de la audiencia con voz pausada y tranquila durante no más de diez minutos:

«Durante 500 días he estado bajo arresto y durante todo este tiempo una gran cantidad de personas han decidido mi destino: policías, jueces, expertos, jurados. No cometí ningún acto sin sentido, conscientemente decidí el destino de 61 personas. Fui juez, abogado, fiscal e incluso verdugo. Solo decidí quién viviría y quién no... Todos ustedes juntos quieren arruinarme, y cada uno individualmente realiza una función separada. Y yo solo decidí todo. No violé las leyes, simplemente las hice a un lado... Todos me preguntan por qué no tomé nada de las víctimas: tomé de ellos lo más preciado, la vida. Después de todo, si no hay vida, no necesitas ni una isla ni dinero».

Al igual que en la primera audiencia, el 29 de octubre de 2007 no cabía un alfiler en la sala de los tribunales de Moscú. Las cámaras se agolpaban en las puertas, entre la gente, en los pasillos, mientras los micrófonos se apilaban sobre las cabezas de los asistentes. El público y los periodistas llenaban cada silla y cada espacio para ser testigos de ese momento tan esperado. La cobertura mediática del juicio llegó a su punto más alto en el instante en que el juez Usov se puso de pie frente al estrado y pidió silencio.

Una tras otra, fue leyendo las descripciones de cada ataque perpetrado por el asesino. Parecía que contaba siempre un mismo hecho, pero hablaba de 48 asesinatos y de tres intentos de homicidio. El escenario era el parque, la invitación era el vodka, el arma era el martillo, Pichushkin era el verdugo.

Nombre tras nombre, las víctimas fueron apareciendo en la voz clara del juez Usov. Finalmente, pronunció su sentencia: «En vista de la seriedad de los crímenes cometidos y el peligro excepcional que el acusado presenta para la sociedad, para establecer la justicia social y prevenir nuevos crímenes, la corte considera necesario sentenciar a Pichushkin, por haber cometido crímenes especialmente graves que resultaron en un gran número de muertes, a cadena perpetua».

El asesino, con la cabeza gacha, solo habló cuando el juez le consultó si había comprendido el veredicto. «No soy sordo», respondió casi en un murmullo.

El fiscal Yuri Semin cerró su actuación con una declaración categórica: «Se ha hecho justicia. Recibió el castigo que merece. Hemos hecho nuestro trabajo de manera eficiente y este es el resultado». No todos los asistentes estuvieron de acuerdo. Muchos de los familiares y buena parte de la opinión pública creían que Pichushkin merecía la pena de muerte y enseguida se inició un intenso debate en los medios y en la calle sobre este tema.

La pena capital está contemplada en el actual Código Penal ruso para delitos especialmente graves contra la vida. Sin embargo, desde 1996 rige una moratoria legal que la prohíbe. Rusia se comprometió a dejar de lado las ejecuciones para que el país pudiera adherirse a la Asamblea Parlamentaria del Consejo de Europa. El último convicto que recibió la sentencia de muerte fue Serguéi Golovkin, quien asesinó y violó a 11 niños entre 1986 y 1992. Fue ejecutado de un tiro en la nuca el 2 de agosto de 1996. Dos años antes, un pelotón de fusilamiento había ajusticiado a Chikatilo.

Aunque en la época del juicio la pena de muerte no era aplicable, hubo muchas voces que se alzaron a la salida de los tribunales para expresar su deseo de que Pichushkin corriera la misma suerte de Golovkin o de su admirado Chikatilo.

Tatyana Fomina, madre de Vladimir, una de las víctimas del «maníaco de Bitsa», salió de la sala enseñando una foto de su hijo y dijo que creía que con Pichushkin había que hacer una excepción y aplicarle ese castigo. Su marido, Vasily, fue entrevistado unos días más tarde y afirmó que tanto él como su mujer sabían en realidad que no se debía volver a la pena de muerte, que en muchos casos la justicia había cometido errores y una persona inocente había sido ejecutada por el mismo Estado, y que creía que la condena aplicada al asesino era la condena que correspondía. Sus palabras y actitud contrastaban de manera flagrante con la figura de Pichushkin, siempre fría y sin ningún tipo de empatía para con las víctimas y sus familiares.

Los criminales peligrosos sentenciados a cadena perpetua como Alexander Pichushkin, cumplen condena en el Bhúo Polar, una prisión donde los inviernos severos ayudan a cientos de carceleros a custodiar a los presos.

Una semana después de la audiencia, el abogado de Pichushkin presentó una apelación a fin de obtener una morigeración de la sentencia. La corte se expidió rápidamente y no accedió al pedido. El «asesino del tablero de ajedrez» sería enviado a una prisión de máxima seguridad, donde debería someterse obligatoriamente a un tratamiento psiquiátrico en ese mismo lugar.

En el «Búho Polar»

Pichushkin pasó algunas semanas en su lugar de detención temporal. Allí logró ver a su madre, Natalya, quien le llevó víveres y algunas cosas que había pedido, como periódicos y cigarrillos. Ella aún no lograba comprender lo que pasaba, pero sabía que sería una de las últimas oportunidades en que podría ver a su hijo antes de que le llevaran muy lejos.

Finalmente, Pichushkin fue trasladado hasta el que sería su hogar permanente: la institución correccional PKU IK 18, una colonia penal de alta seguridad, más conocida como «Búho Polar». La cárcel está ubicada a 1900 kilómetros de Moscú, más allá del Círculo Polar Ártico, en el borde de la tundra y los Urales del Norte, rodeada de montañas y situada en las afueras de Kharp, un pequeño pueblo de aproximadamente 7000 habitantes.

El «Búho Polar» es una mole de cemento construida en los años sesenta, rodeada de alambres y protegida por cientos de guardias y algunos perros entrenados. El clima juega a favor de los carceleros: inviernos de -40 ºC y veranos tan cortos como un suspiro impiden cualquier idea de escape. Es una cárcel para convictos que purgan prisión perpetua, donde llegan los criminales más peligrosos, aquellos que han cometido los crímenes más horrendos.

Durante los primeros años de reclusión, no hubo muchas noticias de Pichushkin. Estaba solo en una celda, porque según la condena, debía permanecer aislado los primeros 15 años. Recibía tres comidas al día, además de ropa, y dormía alrededor de ocho horas diarias. Los guardias no le hablaban más que para darle instrucciones y su único interlocutor era un televisor una vez a la semana.

En 2014, la cadena de televisión rusa NTV emitió por primera vez imágenes del lugar de detención y le realizó algunas preguntas a Pichushkin. Vestido con ropa abrigada y con su cabeza cubierta por un *kubanka* —típico sombrero de piel ruso— se lo pudo ver en un pequeñísimo patio interno, techado con rejas, que recorría una y otra vez. Gozaba de este pequeño privilegio una vez al día durante una hora.

Las cámaras le filmaron por una mínima abertura, por la cual el asesino sacaba sus manos para que los guardias pudieran quitarle las esposas. Desde allí habló unos minutos con los periodistas. Cuando le preguntaron por los asesinatos cometidos, dijo: «Tuve esa opción porque algunas personas nacieron solo para que las mate. Simplemente no tuvieron suerte». También opinó sobre su vida en la prisión: «No hay que soñar, debemos vivir en el momento presente. Cualquier psicólogo te aconsejará esto, o al menos cualquier buen psicólogo... Todos mis sueños se convertirán automáticamente en fantasías, pero no me gusta fantasear».

Dos años más tarde también habló con Eva Merkacheva, periodista del diario *Moskovskij Komsomolets*. A ella le confesó que la vida en la cárcel era aburrida y que los recuerdos venían siempre a la mente. Lo que más le molestaba de la prisión era la «dependencia esclava», la incapacidad de tener el control. «Todavía es difícil darme cuenta de que el término es de por vida. Mi opinión será parcial, pero considero que la vida en prisión no es natural», dijo.

Capítulo 5

MÁS GRANDE
QUE CHIKATILO

«El primer asesinato es como el primer amor:
no se olvida.»

Alexander PICHUSHKIN

Antes de comenzar el juicio, varios especialistas estudiaron a Alexander Pichushkin durante meses para determinar si podía afrontar el proceso. Además de declararle mentalmente sano, y por lo tanto capaz de comprender y enfrentar la acusación en los tribunales, recopilaron suficiente información como para realizar un perfil psicológico, y se determinó que presentaba graves trastornos de personalidad.

Alexander Gonopolsky, psiquiatra ruso de gran reconocimiento, indicó que en Pichushkin se observaba un trastorno de atracción por el asesinato con tendencias sádicas. Tatyana Dmitrieva, directora del Centro Científico Estatal de Psiquiatría Social y Forense, opinó que el victimario se sentía como un superhombre, precisamente, porque había logrado su objetivo: convertirse en un personaje famoso y hacer temblar de miedo a Moscú. Dijo, además, que notaba una personalidad con grandes complejos que intentaba impresionar al público y se jactaba de sus hazañas: después de todo, había conseguido cometer varias docenas de asesinatos sin ser detectado.

Alexander Tkhostov, jefe del área de Neuro y Patopsicología del Departamento de Psicología de la Universidad Estatal de Moscú, también fue consultado sobre el caso y coincidió con su colega. Opinó que un rasgo característico de los asesinos es que desean experimentar el momento en el que son el centro de atención. Suelen estar convencidos de que son inusuales y únicos. Alexander Bukhanovsky, psiquiatra y experto en asesinos en serie que había ayudado a las autoridades a encontrar a Andréi Chikatilo en la década de los 90, explicó que este tipo de asesinos suelen tener un complejo de inferioridad. «Como regla, son personas cobardes que demuestran sed de poder sobre la libertad sexual, la integridad, la salud y la vida de las víctimas. Al matar, Pichushkin sintió una sensación de comodidad y una emoción sin precedentes. Esta categoría de maníacos va al crimen no por placer, sino para deshacerse de los sentimientos de incomodidad mental y física».

Aclaró que muchos criminales de este tipo estudian psicología, y que veía a Pichushkin como un hombre con baja autoestima, que se sentía humillado y necesitaba reconocimiento. «En nombre de esto, en primer lugar, comete un delito, y se hace dueño de la vida de las personas. En el momento del asesinato, reconociéndose a sí mismo como persona, se deshace de la incomodidad. Y luego necesita el reconocimiento de los demás», afirmó Bukhanovsky.

Además de una fuerte adicción al alcohol, los psiquiatras forenses que le examinaron revelaron que habían hallado rasgos psicopáticos. El hecho de que Pichushkin hubiera escondido en principio sus crímenes y que durante los años en los que actuó no hubiera mostrado ningún síntoma patológico hablaba de lo que ellos llaman un «defecto emocional»: después de cometer un asesinato, una persona mentalmente sana desarrolla miedo, arrepentimiento o temor a que le descubran.

Pero, al parecer, el «maníaco de Bitsa» no tuvo nunca esos sentimientos. Las personas con rasgos psicopáticos, como

Pichushkin, pueden mostrar necesidad de estimulación constante y tendencia al aburrimiento, así como impulsividad, insensibilidad afectiva y ausencia de empatía, pero al mismo tiempo, locuacidad y encanto superficial. El investigador Andréi Suprunenko confirma que esta descripción es la que pudo detectar en Pichushkin: «Era capaz de hacer amistad con la gente y le resultaba fácil mantener el contacto con ellos sin darles la oportunidad de sentir el peligro, y cuando llegaba el momento, simplemente les aplastaba la cabeza».

La madre de Pichushkin relató en diversas oportunidades que su hijo había recibido un golpe traumático a los 4 años. Al parecer, cayó de una hamaca y esta le dio con fuerza en la cabeza. El pequeño fue hospitalizado durante varios días. La mayoría de los especialistas, entre ellos el psiquiatra Bukhanovsky, sostienen que muchas personas con inclinaciones sádicas tuvieron lesiones cerebrales traumáticas en el pasado. Si las áreas del cerebro en las partes frontal y temporal sufren un daño, la persona puede tornarse muy agresiva. Se han realizado gran cantidad de estudios en el mundo sobre la relación entre las lesiones en el cerebro y el comportamiento criminal.

En diciembre de 2017, por ejemplo, la Universidad de Vanderbilt, en Estados Unidos, publicó una investigación que indica que esta relación podría comprobarse. Al parecer, las lesiones en una red particular del cerebro pueden incrementar los riesgos de comportamiento criminal, lo que técnicamente se conoce como «sociopatía adquirida». Lo que este estudio en particular encontró fue que las lesiones ocurridas en determinadas áreas son las que desencadenan las tendencias sociopáticas. Estas áreas están distribuidas en diversas zonas del cerebro, pero todas se relacionan con la toma de decisiones éticas y morales.

Adrian Raine, psicólogo británico, profesor de criminología y psiquiatría también coincide con esta visión. Ha realizado estudios y observaciones en niños pequeños y determinó que quienes padecen una función pobre de la amígdala —un área del cerebro asociada con el miedo— tienen más posibilidades de convertirse en criminales en el futuro. Incluso, en los adultos, podría observarse que los psicópatas parecieran tener una amígdala más pequeña de lo normal, porque no presentan miedo, culpa ni remordimiento.

¿Sería posible que el deseo asesino de Pichushkin tuviera que ver con el golpe recibido en la infancia? Es imposible comprobarlo a ciencia cierta, pero gran cantidad de científicos cree que sí. Incluso, se han descubierto lesiones cerebrales en muchos otros asesinos en serie, como Edmund Kemper, Jerry Brudos, Gary Heidnik, John Wayne Gacy y Ed Gein. Sin embargo, no todos concuerdan en indicar este factor como fundamental en su comportamiento: los psicólogos del Instituto Serbsky creen que el entorno influyó aún más en la formación de la personalidad de Pichushkin. Afirmaron que su disfunción tenía distintos orígenes, desde las características de su educación y sus experiencias infantiles hasta la presencia de patologías hereditarias.

Probablemente, Pichushkin era una persona que buscaba emociones y necesitaba estímulos para sentirse vivo, sin embargo, su existencia diaria no se los proporcionaba. La rutina de un trabajo sin reconocimiento, el alcohol y los paseos le hacían sentir aislado e incomprendido. Por otra parte, las circunstancias familiares y sociales de su infancia pueden haber generado una sensación de rabia, muy peligrosa en una persona que de por sí tiene predisposición a la violencia. La psicoanalista Tatyana Drusinova brindó una pista que podía ayudar a entender la psicología del asesino. Dijo que Pichushkin se sentía separado de las personas e indiferente frente a ellas, y que «los seres humanos no eran más que muñecos para él, como piezas de ajedrez». ¿Qué había ocurrido para que Pichushkin se convirtiera en un asesino en serie?

Una infancia sin ángel

Gracias a los testimonios del propio asesino y los de su madre, vecinos y conocidos, sabemos que, a lo largo de su infancia y adolescencia, Pichushkin sufrió una acumulación de carencias afectivas y frustraciones que forjaron una personalidad muy peculiar. Sin embargo, no es posible saber cuánto de estas experiencias fueron determinantes. Son solo pistas, indicios y datos reveladores que nos ayudan a comprender cómo Pichushkin llegó a ser un asesino en serie.

Alexander Yuryevich Pichushkin nació el 9 de abril de 1974 en Mytishchi, cerca de Moscú. Natalya Pichushkina, su madre, contó a un periódico que cuando «Sasha» (como le llamaban) tenía 9 meses ella se divorció y quedó sola a cargo de su hijo. Afortunadamente, contaba con la ayuda de su padre, Elmurad, quien siempre le dio su apoyo en la crianza del pequeño. Cuando el niño tenía 4 años se mudaron a un apartamento en la ciudad, en la calle Khersonskaya. Era un bloque de pisos, las clásicas *khruschovka* de la era soviética. Abarrotadas de gente, oscuras, pequeñas y sin mucho encanto, constituyeron, sin embargo, las primeras viviendas para muchas familias de la clase obrera y supusieron una mejora en sus condiciones de vida. Los patios comunes eran los espacios de juego de los niños, quienes aprovechaban toda su extensión cuando el clima lo permitía.

Fue durante una de esas tardes de corridas y risas cuando Alexander se cayó de una hamaca y estando en el suelo, el asiento de madera le golpeó la cabeza con fuerza. Quedó mareado y la zona se hinchó, por lo que su madre le llevó al hospital, donde le dijeron que había sufrido una lesión cerebral traumática severa. Recién después de una semana pudo volver a su casa. En esos tiempos, Natalya había armado una nueva pareja, con la que tuvo una hija, Katya. Su segundo marido también le dejó, así que en los años que siguieron los tres compartieron el apartamento. Katya luego se casó y tuvo un hijo, Serguéi.

La mayoría de las fuentes coinciden en que todos vivían juntos en el mismo lugar donde Pichushkin fue apresado en 2006. El espacio no sobraba, así que la pareja y el niño se habían instalado en el dormitorio, mientras que Alexander y su madre dormían en la otra habitación, que también funcionaba como living.

Sin embargo, cuando Sasha era pequeño, el apartamento parecía alcanzarles para estar cómodos. Su madre cuenta que era un pequeño tranquilo, callado y bastante introvertido. Al parecer, después de sufrir el golpe en la cabeza comenzó a tener algunos problemas en el habla, confundía algunas letras, y a veces le costaba expresarse. Cuando comenzó la escuela, esto se tradujo en dificultades en el aprendizaje, sobre todo en la lectoescritura.

Las relaciones con sus compañeros tampoco eran muy buenas: varios periódicos rusos y diversos documentales afirman que Pichushkin fue burlado y ridiculizado por ellos. Además, un tiempo después de sufrir el trauma en su cabeza, se volvió mucho más agresivo y hostil. Sin embargo, algunos vecinos no le recuerdan así, sino más bien como alguien tímido y retraído. Lo cierto es que, ante las dudas sobre su desempeño, las autoridades de la escuela le ofrecieron a Natalya una alternativa: llevar a Alexander a un colegio especial, donde podrían ayudarle con sus problemas. La mujer aceptó y el niño entonces pasó varios años en esa institución.

Según diversos testimonios, esta escuela especial no era un sitio muy acogedor; muchos alumnos sufrían acoso por parte de los niños más grandes. También, es posible que en su propio barrio le hayan molestado por concurrir a un colegio de este tipo. Algunos periodistas contaron que su apellido, Pichushkin, era otro rasgo por el cual era hostigado: es muy similar a la palabra «pajarito» en ruso, y tiene una connotación de algo pequeño e insignificante. Tal vez, estas experiencias cimentaron una sensación de inferioridad y rabia contenida en el futuro «maníaco de Bitsa»; de ahí su afán por dominar el destino de los demás.

Para su madre, Alexander era un niño normal, que jugaba y estudiaba como los otros, al que le gustaba andar en bicicleta y coleccionar pins conmemorativos, clasificándolos en una cajita. Sin embargo, pensando a la distancia sobre lo que sucedería muchos años después, ella, como el resto del mundo, continúa preguntándose qué salió tan mal como para que su pequeño Sasha se transformara en el «asesino del tablero de ajedrez».

El abuelo afectuoso

Sasha no disfrutaba la escuela y se dice que, aunque solía ser un niño callado e introvertido, también tenía momentos de gran agresividad. Como vimos, sufría burlas y acoso por parte de sus compañeros de estudio y también en el barrio. Algunos periodistas y especialistas indicaron que en su casa las cosas tampoco iban bien. Su madre, inmersa en su nueva pareja, en el cuidado de una hija pequeña y en los vaivenes de la vida cotidiana, puede haber prestado poca atención a su hijo, o por lo menos él probablemente debe haberlo sentido así.

Al parecer, la conexión afectiva más fuerte que tuvo Alexander fue con su abuelo materno, su querido *dedushka*. Natalya dijo que «aunque la diferencia de edad era de casi 50 años, eran muy amigos». El abuelo vio que su nieto no era feliz, ni en el colegio ni en su casa, y comenzó a ocuparse más del pequeño. Algunas fuentes incluso indican que le llevó a vivir con él. Se sabe que fue la única figura paterna que tuvo Alexander, alguien que le acompañó y cuidó, considerándole inteligente y talentoso en vez de dañado y problemático, como lo hacían sentir en la escuela.

En esos años era común ver al anciano y al niño pasear por el parque Bitsa, recorriendo sus caminos, hablando con la gente, conversando sobre lo que habían hecho durante el día y, también, jugando al ajedrez. El abuelo le había enseñado a Alexander los principios de este juego, uno de los preferidos por los rusos, y el niño pronto le hizo suyo. Aunque desde la caída de la Unión

Soviética el interés por el ajedrez ha ido decayendo, durante la infancia y adolescencia de Pichushkin todavía era muy popular.

El parque Bitsa, con sus mesitas y bancos ubicados bajo árboles añosos, era uno de los sitios donde los hombres se entretenían en largas partidas, mientras a su alrededor otros seguían sus movimientos y hablaban o bebían. Allí se ubicaban nieto y abuelo, tanto para participar en algún encuentro como para conversar e intercambiar ideas con quienes se encontraban allí. El anciano también bebía: varias publicaciones rusas aseguran que lo hacía a menudo y en cantidad.

Para Alexander eran tardes de disfrute y pronto se convirtió en un buen jugador que salía airoso de partidas frente a jugadores de mayor edad. Debió ser una buena sensación para un niño que se sentía inferior y abrumado poder dominar y derrotar a sus oponentes, aunque solo fueran los del otro lado del tablero.

Algunos especialistas suponen que su habilidad para el ajedrez le permitió ejercitar un pensamiento estratégico que luego le serviría para planificar sus asesinatos, elegir sus métodos y poder improvisar cuando lo necesitaba.

Mientras tanto, las largas caminatas por el parque le llevaron a conocer la zona palmo a palmo: fueron años de recorrerlo una y otra vez con su abuelo, buscando los lugares que más les gustaban. Más adelante, antes de comenzar con su larga lista de asesinatos, la costumbre de visitar el bosque seguiría formando parte de la rutina de Pichushkin. Para cuando se convirtió en el «maníaco de Bitsa», casi no había rincón que no conociera, por lo que supo muy bien a dónde llevar a sus víctimas y cómo hacer desaparecer los cuerpos.

A pesar de su abuelo, el ajedrez y el parque, el resto de la vida de Alexander continuaba trayéndole más disgustos que otra cosa. La entrada en la adolescencia no le favoreció: seguía siendo flaco y algo desgarbado, y le costaba defenderse de las agresiones. Su madre cuenta que cuando tenía 13 años le dio el dinero para comprarse un ciclomotor, uno de los sueños de Alexander. No le duró mucho: a los pocos días salió a dar una vuelta y volvió después de unas horas, golpeado y sin el vehículo. Nunca lo recuperó, a pesar de que Natalya sospechaba que los ladrones y agresores eran los mismos niños de su bloque de pisos o de algún otro bloque vecino.

En 1988, cuando Pichushkin tenía 14 años, sucedió un hecho sobre el que hay varias versiones. La mayoría de los medios europeos y de los autores que escribieron sobre el asesino afirman que, para esa época, falleció su abuelo. Sin embargo, varios periódicos rusos que citan a la propia Natalya indican que su abuelo se habría mudado al otro lado de Moscú con una nueva pareja y que por esa razón se alejó un poco de la vida de su hija y de su nieto. Es posible también que su abuelo estuviera vivo cuando atraparon a Pichushkin en 2006.

Muerte o mudanza y distanciamiento, lo cierto es que Alexander se quedó sin su abuelo y esto parece haberle marcado negativamente de forma definitiva. Los especialistas que le entrevistaron y aquellos que escucharon sus declaraciones suponen que tuvo una influencia directa en la elección de la mayoría de sus víctimas: puede haber atacado a los hombres mayores como una especie de venganza, consciente o no, contra su padre y su abuelo por haberle abandonado.

Chikatilo, el mito

Tras la muerte o alejamiento de su abuelo, como sea que haya sucedido la historia, Alexander quedó muy solo. Su madre se dio cuenta de que parecía deprimido y angustiado, y de que estaba más agresivo. Hubo algunos reclamos en la escuela y el barrio en el sentido de que había comenzado a molestar y golpear a niños más pequeños y débiles. Pero, seguramente, tanto Natalya como sus maestros, que también habían notado sus cambios de conducta, lo atribuyeron a los años adolescentes y a la pérdida sufrida. Ya se le pasaría.

Lo cierto es que en esos tiempos el joven Alexander también comenzó a beber. Lo hacía solo, a veces en su casa, otras en el parque. Al terminar la educación en la escuela especial, ingresó a una escuela de oficios de carpintería. Allí se le presentó una oportunidad, ya que se relacionaría con nuevos compañeros, en un ambiente distinto: era un momento para comenzar de cero y forjar una nueva personalidad. Una que le permitiera conseguir amigos, tal vez alguna chica...

Algunos testigos contaron que Pichushkin comenzó a cultivar una imagen de hombre fuerte y rudo. Usaba botas militares de caña alta y empezó a hacer gimnasia y a levantar pesas. Tenía en su casa una barra y allí realizaba flexiones, arriba y abajo, una y otra vez, hasta llegar a 100. Además, comenzó a relacionarse con mujeres, pero al parecer no llegó a tener ninguna pareja. En esos tiempos escribía poesía, quizá con la intención de acercarse a alguna joven, pero eso solo le causó una lluvia de burlas. Sin embargo, algo de su cambio de apariencia y actitud debe haber funcionado, porque hizo algunos amigos.

Alexander formó un grupo de buenos compañeros junto a otros jóvenes: Alexei Lavrukhin, los hermanos Volodya y Anatoly Kolomeytsev y Mijaíl Odiychuk. Compartió intereses con ellos, aunque algunos le resultaban algo extraños: les gustaba leer sobre asesinatos y psicología. Alexander les dijo que quería aprender a conducir a las personas.

Durante un tiempo pareció integrarse al nuevo grupo de amigos. A veces bebía, pero no mucho más que el resto, seguía jugando al ajedrez y también a las cartas. Y se había transformado en prestamista: en algún momento durante las clases de carpintería les había dado algo de dinero a Lavrukhin y Odiychuk. Para contar con un reaseguro, les exigió que escribieran una nota de suicidio, es decir, un mensaje diciendo que se habían quitado su propia vida. Algo así como «dejo mi vida voluntariamente, porque no tiene sentido». Los chicos pensaron que era una broma y le hicieron caso, entre risas. Pichushkin les explicó que, si no le devolvían el dinero, les mataría y estaría cubierto por esas declaraciones.

Aunque en ocasiones como estas el joven Alexander se comportaba de un modo extraño, sus compañeros lo tomaron solo como un capricho. Pero el futuro asesino no estaba bromeando y pronto lo demostraría, aunque los hechos tardarían años en conocerse en toda su dimensión.

Durante su adolescencia, Pichushkin fue llamado, como todos los jóvenes rusos, a presentarse al servicio militar obligatorio. Sin embargo, en la oficina de reclutamiento le enviaron al hospital psiquiátrico de Kashchenko para ser evaluado. Allí le declararon no apto y recomendaron que siguiera un tratamiento. Pero no hubo ningún tipo de seguimiento, y la madre de Pichushkin no se enteró de lo que había sucedido o, sencillamente, no le dio importancia. En una nota periodística realizada tras la detención de su hijo, Natalya dijo que este había vuelto muy cambiado del hospital Kashchenko, y que no estaba segura de lo que le habían hecho allí. El psiquiatra forense Mijaíl Vinogradov afirmó que si la junta médica le había enviado al hospital, sospechaba que algo andaba mal. Según el especialista, lo que sucedió fue que después de este hecho la madre de Pichushkin comenzó a prestarle mayor atención a su comportamiento y quizá a detectar algunas conductas singulares.

Para entonces, Alexander había comenzado a interesarse fervientemente por el caso Chikatilo. En 2005, el mayor general de policía Yuri Demin participó en la investigación del «maníaco de Bitsa» y cuando le atraparon fue uno de los que habló con él durante los primeros días. Demin contó que Pichushkin le preguntó cuántas víctimas tenía Chikatilo. Él le contestó que eran 53. Entonces el asesino, riendo, le dijo que él tenía más de 60. También, le dijo que había reunido información sobre el asesino en serie y que buscaba superarle en el número de víctimas.

Helen Smith, psicóloga forense, opinó por su parte que «Pichushkin observó que el asesino Chikatilo llamaba la atención y despertaba admiración, eso es lo que él quería para sí mismo». En 1992, mientras se llevaba adelante el juicio de Chikatilo, Pichushkin no solo se informaba sobre lo que sucedía, sino que también usaba camisas a cuadros similares a las que solía vestir el «carnicero de Rostov». Cuando este fue sentenciado a muerte y declarado el asesino en serie más sangriento de toda Rusia, sus compañeros recuerdan que Pichushkin afirmó que ese título le pertenecería. Su amigo Mijaíl Odiychuk le siguió la corriente y pronto comenzaron a conversar acerca de matar a alguien y a fantasear sobre cómo lo harían. Mijaíl se tomó todo como un juego, pero para Pichushkin el asunto iba en serio.

En la primavera de 1992, Pichushkin y sus compañeros se graduaron de la escuela de oficios, y el 27 de julio del mismo año Mijaíl Odiychuk salió de su casa y nunca regresó. Ese día, Alexander le había invitado a caminar por el parque Bitsa, donde supuestamente buscarían un lugar para esconder el cadáver de su víctima. Durante el juicio, Pichushkin declaró: «Por supuesto, no se dio cuenta de que estaba buscando una tumba para sí mismo. Acordamos matar juntos y, a fin de cuentas, se negó rotundamente. Entonces le maté». Llevaba una cuerda escondida y en un descuido de su amigo, la envolvió en su cuello y le estranguló. «Él estaba estupefacto, se tambaleaba como un caballo. Convulsionó durante mucho tiempo. Finalmente tiré su cuerpo al pozo», declaró refiriéndose a las alcantarillas.

Cuando regresó a su casa, Alexander se percató de que estaba cubierto de sangre y le pareció extraño. «Pero luego me di cuenta de que cuando apreté la cuerda, luchó y se rompió el cuello. La sangre salió por la boca y la nariz». Entonces quemó toda la ropa manchada y al día siguiente inspeccionó la abertura por donde había arrojado a su amigo: retiró la tapa metálica y quedó satisfecho de que no se viera ningún rastro del cuerpo.

Pyotr Odiychuk, padre de Mijaíl, contó que cuando su hijo desapareció él y su mujer recorrieron las casas de amigos, conocidos y familiares preguntando por el joven. «Somos una familia numerosa, Misha era el mayor. Era bueno, no bebía, no fumaba, hacía deporte. Siempre nos advertía si se iba a dormir a la casa de su abuelo. Por lo tanto, nos alarmamos cuando no regresó esa noche y no llamó». Hicieron la denuncia ante la policía, publicaron su foto en los periódicos, alzaron su voz como pudieron. Pero nadie sabía nada.

Pichushkin reconoció más tarde que este fue el único caso por el que la policía llegó a interrogarle. Los agentes estaban interesados en las falsas cartas suicidas de Lavrukhin y Odiychuk. Habían sido advertidos sobre ellas tanto por el primero como por los hermanos Kolomeytsev. También le dijeron que no habían encontrado un cuerpo. Finalmente, después de hacerle unas cuantas preguntas más, le dejaron ir.

Durante el juicio, en 2007, Anatoly Kolomeytsev fue uno de los testigos que declaró para la fiscalía. Allí relató que un tiempo después de la desaparición de Odiychuk estuvo con Pichushkin y este le cuestionó por sus dichos a la policía. El testigo agregó que después comenzó a conversar sobre temas inentendibles y que, finalmente, cada uno siguió su camino. Pero unos días después sonó el teléfono en su casa varias veces, y lo único que escuchó cuando levantó el auricular fue un murmullo y la palabra «matar».

Siempre creyó que había sido una amenaza de Pichushkin, aunque no pudo comprobarlo. Después de ese episodio, no volvieron a verse hasta el juicio. Allí el asesino le hizo un comentario sobre su aspecto, diciendo que le veía viejo. Kolomeytsev solo le contestó que todos habían crecido. Lo cierto es que si algo aprendió Pichushkin de su primera experiencia es que la policía no pondría mucho empeño en la resolución de los crímenes, en especial, si no tenían un cuerpo que estudiar.

El momento en que Pichushkin cometió su primer homicidio no podría haber sido mejor elegido. No había pasado todavía un año desde la desintegración de la Unión Soviética. Rusia se estaba rearmando, reorganizando sus instituciones, su cultura, su economía, prácticamente todo. Los rusos llaman a este período «los salvajes 90». Y tienen razones para ello. Por un lado, gran parte de la juventud sentía que todo era posible, que habría más libertad y oportunidades; llegarían esos productos que habían ansiado durante años, como los vaqueros; podrían votar a los candidatos que quisieran, viajar al extranjero. Pero, por otra parte, el país parecía al borde de la desintegración y el colapso. Nuevos pobres, nuevos millonarios, mercados descontrolados... Los grupos mafiosos y los gánsteres de barrio asolaban a la población en cada una de sus actividades y el Estado, que antes intervenía, ahora prácticamente no existía.

En esta situación, las fuerzas policiales también estuvieron sumidas en un caos de corrupción, exceso de trabajo y desorganización. Cada día el crimen organizado se cobraba víctimas de asesinato o de secuestro, mientras los ladrones y estafadores de poca monta rondaban las calles intentando obtener lo suyo.

No es de extrañar, pues, que la desaparición de Mijaíl Odiychuk haya pasado casi desapercibida. Sin embargo, para el «maníaco de Bitsa», este asesinato fue un hecho que lo marcaría para siempre, el inicio de un camino sin retorno, la primera muestra de lo que podía ser su futuro. «El primer asesinato es como el primer amor: no se olvida», lo definió el propio Pichushkin. «Estuve impresionado durante mucho tiempo. Estudiamos juntos, nos sentamos en el mismo escritorio...», agregó para referirse a Mijaíl.

Este impacto puede explicar uno de los grandes misterios de este caso: ¿por qué el «asesino del tablero de ajedrez» esperó nueve años para volver a matar? Para cuando fue atrapado, quedaba claro que se había transformado en un asesino en serie.

Los especialistas denominan a este tiempo el «período de calma o de enfriamiento». Durante esos días, meses o años, el asesino en serie reanuda su rutina diaria en forma habitual y puede parecer un ciudadano más ante el observador cotidiano.

Entre 2001 y 2006, Pichushkin asesinaría con una regularidad sorprendente, de manera sistemática, a veces, con pocos días entre una y otra víctima. Sin embargo, entre su primer asesinato y el segundo pasó casi una década. La causa tal vez sea, justamente, lo que él mismo denominó como un «primer amor». Un episodio tan importante que le generó satisfacción durante años. Quizá, su vida comenzó a regularizarse con una rutina de trabajo que, a pesar de no satisfacerle, le proporcionaba un orden. No lo sabemos a ciencia cierta y Pichushkin no lo ha explicado en sus declaraciones; sin embargo, a pesar de la aparente tranquilidad, se supone que el deseo y la inclinación hacia el homicidio seguían estando, aunque quizá de forma latente.

El psiquiatra forense Mijaíl Vinogradov se refiere a unos vídeos que se vieron de Pichushkin en su juventud. En ellos, entre risas, alza a un niño y amenaza con tirarle por una ventana. Era un juego y alguien, obviamente, le estaba filmando. Pero el especialista afirma que estas y otras imágenes revelan su necesidad de dominar, de mostrar su fuerza y supremacía: sus tendencias sádicas parecen vislumbrarse en ellas. Necesidad, que años después dejaría decenas de muertos en un parque de Moscú para saciar la sed de sangre de Pichushkin.

Capítulo 6

¿QUIÉN DA MÁS?

«Me indignó muchísimo que detuvieran a un miserable como chivo expiatorio, me enfureció tanto que maté a dos personas en una semana.»

Alexander PICHUSHKIN

La primera juventud de Pichushkin transcurrió en una rutina que incluía el trabajo, los paseos por el parque, el vodka y el ajedrez. Su propia madre afirmó que después de cumplir 20 años comenzó a beber mucho. Al mismo tiempo, se interesó en el levantamiento de pesas y el fisicoculturismo. Existen varias fotografías en las que posa con el torso desnudo y sus brazos flexionados para mostrar los músculos. No se conocen muchos detalles sobre su vida entre 1992 y 2001, pero al parecer, la muerte de su perro en algún momento al final del período constituyó algo así como un detonante para su derrumbe.

Las ideaciones sobre asesinatos y sus métodos seguramente estuvieron presentes entre su primer homicidio y el segundo. Pichushkin aseguró que había elaborado una lista con posibles víctimas, pero esta nunca apareció. Los investigadores creen que la destruyó al regresar a su apartamento, junto con su ropa y sus zapatos, después de haber matado a Marina Moskalyova, cuando ya era bastante obvio que la policía daría con él de un momento a otro.

También, había preparado una bitácora de actividades: el famoso tablero de ajedrez, un centro de control donde podría llevar la exacta contabilidad de su accionar y, al mismo tiempo, tener un plan preciso para superar a su admirado Chikatilo.

2001: Regreso con furia

Nadie sabe con exactitud cuáles fueron los motivos que empujaron a Alexander Pichushkin a matar nuevamente, pero en la primavera de 2001 todos los límites y trabas que podía haberle puesto a su obsesión dejaron de existir y comenzó una carrera mortífera que, solo durante ese año, se cobraría la vida de varios moscovitas. Casi nueve años después de haber asesinado a su amigo Mijaíl Odiychuk, eligió una nueva víctima.

El 17 de mayo de 2001 se encontró con un vecino, Evgeni Pronin, de 52 años, que había estado detenido durante unos meses —sospechado de cometer un asesinato— y había regresado a su casa el día anterior. Pichushkin le había visto junto a sus amigos, festejando su vuelta al barrio. Esperó a que estuviera solo y le invitó a beber y a caminar hasta el parque Bitsa.

Durante los interrogatorios, el asesino contó que creó un ambiente relajado y distendido con el objetivo de que Pronin le siguiera sin sospechar nada. Una vez que estuvieron frente al pozo de la alcantarilla, simplemente le empujó. Su víctima intentó asirse de los bordes, pero Pichushkin le golpeó en las manos y logró que se soltara. El hombre cayó y fue arrastrado por la corriente. «Cerré la tapa, puse unas marcas y me fui», explicó.

Con unas ramitas pequeñas señaló la posición de la cubierta de metal, ya que quería asegurarse de que nadie mirara dentro del pozo sin que él lo supiera. Días más tarde regresó al lugar y comprobó que la tapa no había sido movida. Cuando Pronin no volvió a aparecer, sus amigos y conocidos pensaron que había sido encarcelado, esta vez de manera permanente.

María Viricheva tenía 19 años y estaba embarazada. Fue una de las víctimas a las que Alexander Pichushkin arrojó por las alcantarillas y logró salvar su vida.

La supuesta satisfacción de su primer asesinato después de tanto tiempo duró poco. En vez de calmar sus ánimos, le impulsó a volver a matar. El 23 de mayo, menos de una semana después, Pichushkin salió de cacería nuevamente. Aunque el clima era agradable no halló una víctima a la medida de sus exigencias.

Tuvo que conformarse con Vyacheslav Klimov, al que solo conocía de vista. Le vio deteriorado, mal vestido y algo alcoholizado, y eso no le gustó. Pero ya no quería seguir buscando, así que se acercó al hombre y conversó un rato con él. Después de entrar en confianza, le preguntó qué era lo que más deseaba. Klimov le respondió que quería dejar de beber, y Pichushkin le respondió: «Te prometo que hoy te detendrás». Luego le llevó al parque y le tiró dentro del pozo, pero el hombre quedó atrapado en una curva de la tubería, así que debió volver a empujarle para que cayera hacia el fondo. «No tengo emociones con este caso, este asesinato no se puede considerar en absoluto», declaró Pichushkin en el juicio.

Pasó casi un mes hasta que se decidiera a volver a atacar. Lo hacía generalmente durante el día porque, como explicaría tras ser detenido, quería volver temprano a su casa para poder sentarse con su madre a ver una serie que disfrutaban mucho, *La Condesa de Monsoro*.

El 22 de junio se encontró con un conocido de nombre Yuri (su apellido no trascendió), le llevó al parque y, al igual que con sus anteriores víctimas, le arrojó a la abertura del alcantarillado. El 26 de junio, a la lista macabra se sumó Nikolai Tikhomirov, y el 29 del mismo mes, Nikolai Filippov, de 72 años. Todos fueron arrojados a las alcantarillas.

A muchos de estos hombres ni siquiera se les echó en falta: algunos estaban solos, otros no tenían mucho contacto con su familia y otros vivían prácticamente en la calle. Sus desapariciones pasaron casi inadvertidas. Pero Pichushkin les recordaba bien, no solo les marcaba en su tablero de ajedrez, sino que anotaba los hechos en una libreta.

Otras víctimas, en cambio, fueron reclamadas y buscadas, pero nada se supo de ellas. La mujer de Klimov, por ejemplo, hizo la denuncia, pero no pudo obtener ninguna información sobre su esposo hasta que atraparon a Pichushkin y este confesó.

Julio de 2001 se transformó en el mes del horror: seis personas fueron asesinadas en menos de 30 días. El 2 de julio murió Oleg Lvov, al cual Pichushkin describió como un amigo —«es la única persona a la que lamenté matar», dijo—. El día 13, Gennady Safronov se escapó de un centro de rehabilitación para adictos a las drogas. Para su desgracia, dio con Pichushkin, quien le convenció de ir al parque y le arrojó al alcantarillado. «Salió de allí y cayó en mis manos. Si no se hubiera escapado, habría vivido», relató el asesino.

El 14 de julio eligió a Serguéi Pavlov, un conocido, como su próximo objetivo. Durante el juicio explicó lo que recordaba haber sentido en esa ocasión: «Lo más importante en la caza no es la preparación física, sino moral. Las fuerzas se triplican. Hay una fantasía, inspiración...». El día 20, Víctor Elistratov encontró su destino final en el mismo pozo que los otros hombres y al día siguiente fue arrojado allí Víctor Volkov, de 54 años.

Durante el juicio, los fiscales le hicieron ciertas preguntas a Pichushkin con el objetivo de corroborar los hechos y mostrar todas las pruebas posibles para que al jurado no le quedaran dudas. Cuando le pidieron que describiera cómo estaba vestido Elistratov, el asesino, en otra muestra de macabro sentido poético, dijo que no había mirado su ropa, solo había observado su alma. «Necesitaba acumular almas, ¿para qué necesito su ropa? Si preguntaras cómo se veía su alma, te diría mucho más», contestó.

El siguiente asesinato presentó una situación complicada para Pichushkin, quizá el primer escollo en su carrera mortal. Andréi Konovaltsev, de 22 años, vivía en su mismo bloque de pisos. Conocía bien a su padre, con el cual se reunía de cuando en cuando a beber vodka. El 26 de julio Alexander invitó al joven al parque, con una excusa que ya había usado: tomar un trago y brindar en la tumba de su mascota. Apenas llegaron frente al pozo, empujó a Andréi y le hizo caer en la alcantarilla. Pero en ese mismo momento, dos mujeres que paseaban un perro vieron lo que estaba sucediendo y le gritaron. Pichushkin solo tuvo tiempo de tapar el pozo y escapar rápidamente. Al día siguiente caminó cerca de la zona y advirtió que estaba siendo vigilada por la policía.

Más adelante, cuando todo se calmó un poco, pudo revisar la abertura y se dio cuenta de que alguien había estado investigando dentro. Pichushkin declaró, en el juicio de 2007, que no odiaba a Konovaltsev, que era su amigo. Cuando los fiscales le pidieron detalles sobre su muerte, simplemente dijo que no quería darlos, porque la madre del joven estaba presente en la sala y no le parecía correcto. Ese fue su último asesinato de 2001. Durante casi seis meses cesó su actividad criminal, probablemente, impresionado por lo cerca que había estado de ser capturado.

Sin embargo, nada de eso sucedió. Fue una de las tantas oportunidades perdidas por las autoridades para detenerle. Gran parte de las personas que habían desaparecido tenían domicilio en esa pequeña área de la zona sur de Moscú. El resto también frecuentaba el barrio, aunque no era su lugar de residencia. Y a pesar de que muchos no tenían familia cercana o amigos que les echaran de menos, otros fueron reclamados insistentemente. Cuando Víctor Volkov desapareció, por ejemplo, sus familiares se apresuraron en hacer la denuncia. Días más tarde, la madre de Andréi Konovaltsev también expresó su preocupación ante las autoridades.

Al mismo tiempo, varios cadáveres comenzaron a aparecer en las instalaciones de tratamiento de Kuryanovsky, donde converge todo el sistema de alcantarillado del sur de la ciudad. Su director prestó testimonio durante el juicio y dijo que entre 2001 y 2005, encontraron habitualmente cadáveres en las instalaciones. Fueron 29 cuerpos en total y el hombre, que había trabajado cerca de 30 años en ese sitio, dijo que nunca había sucedido algo similar. Afirmó también que habían informado a la policía sobre ello. Como es de imaginar, nada ocurrió.

Ya en 2001 estaba claro que algo tenebroso estaba sucediendo, que no se trataba de una situación aislada y, también, que nadie tenía una explicación clara sobre los hechos. La red de alcantarillas de esa zona de Moscú era muy extensa y los cuerpos podían provenir de cualquier sitio. Pero las autoridades, quizá desorientadas, desorganizadas y con poca comunicación y ninguna confianza entre los distintos departamentos, no investigaron a conciencia, a pesar de las numerosas alertas que recibían. Así, Pichushkin, después de una prudencial pausa de medio año, volvería a entrar en acción.

2002: Muertes por docena

El parque todavía se presentaba como un sitio peligroso para Pichushkin por la presencia de algunos policías. Por eso, decidió cambiar su forma de cometer los homicidios, aunque por poco tiempo.

El 18 de enero conoció a Vyacheslav —su nombre de pila se desconoce—, un hombre sin hogar que vagabundeaba cerca de su casa. Caminaron juntos, pero, en vez de dirigirse hacia el bosque, el asesino lo llevó hasta un edificio sin vigilancia. Subieron hasta el piso 16, a una especie de terraza, donde su víctima bebió algunos tragos.

Mientras el hombre admiraba la vista desde las alturas, Pichushkin le tomó de la cintura y los pantalones, inclinando su torso fuera del edificio. Luego, simplemente, empujó sus piernas hacia arriba y le hizo caer. Un grito y un golpe seco fueron la confirmación de que podía ubicar otra marca en su tablero de ajedrez. Sin embargo, el cadáver quedó muy al descubierto y Pichushkin se dio cuenta de que esta forma de matar tampoco era conveniente. Entonces el parque volvió a convertirse en su coto de caza privado.

El 29 de enero de 2002, Andréi Veselovsky, de 42 años, fue arrojado en uno de los pozos y el 13 de febrero lo mismo le sucedió a Yuri Chumakov, de 50 años. A pesar de la tranquilidad con que actuaba, diez días más tarde, Pichuskin cometió un grave error: quiso asesinar a María Viricheva pero la joven sobrevivió.

Para ese entonces, Pichushkin había comprado un gran martillo y golpeaba a sus víctimas en la cabeza antes de arrojarles a las alcantarillas para que la corriente terminara el trabajo. Al ser interrogado por este ataque, confesó que unos meses más tarde creyó haber visto a la joven, pero pensó que se estaba volviendo loco. Le había considerado muerta y había puesto una marca en su tablero de ajedrez en su nombre; era imposible que estuviera recorriendo las calles de Moscú. Recién confirmó que no le había asesinado cuando la policía se lo comunicó, ya detenido. Distinta suerte corrió Vera Zakharova, de 48 años, asesinada el 27 de febrero.

El 7 de marzo mató a Boris Nesterov, el trabajador de una fábrica de 46 años y, al día siguiente, a Alexéi Fedorov, atrayéndoles con sus clásicos ardides de persuasión para arrojarles después a los desagües. El hermano de este último habló durante el juicio y contó que buscaron al hombre varios años sin lograr saber nada sobre su paradero, hasta que Pichushkin fue apresado. «Quiero que sea encarcelado de por vida. La pena de muerte sería un destino demasiado suave para él», opinó.

El 10 de marzo, otra víctima logró sobrevivir. Ese día, Pichushkin se cruzó con Mijaíl Lobov, un huérfano de 14 años que desde pequeño andaba por la calle: se había escapado de todas las instituciones que le habían albergado y solía deambular por la zona sur de Moscú buscando dinero y, si tenía suerte, bebida y drogas. Pichushkin le prometió pagarle si le ayudaba a mover algunos bienes que supuestamente tenía escondidos en el bosque.

Apenas estuvieron frente a una de las tapas de las alcantarillas, le tomó de las piernas y le empujó al abismo y la oscuridad. Mijaíl cayó al agua y fue arrastrado a través de los túneles, pero en una curva logró asirse de una escalera y trepar hasta otra tapa. La levantó y salió a la superficie. Milagrosamente, había sorteado la peor de las suertes. A pesar de la desconfianza que le generaban las autoridades, el joven tomó valor y se acercó a unos policías para relatarles lo que le había sucedido. No le creyeron.

Mientras, envalentonado, Pichushkin continuó con su matanza y en su propio territorio. Pensó que a nadie le interesaba seguir las pistas que quedaban, ni proteger a los personajes de poca monta que desaparecían. Así que tuvo todo el tiempo y la tranquilidad para variar no solo las locaciones, sino también los métodos. Ya había estrangulado con una soga a su amigo, arrojado a las alcantarillas a varias personas, empujado a un hombre al vacío, martillado el cráneo de otros... ¿Por qué no intentar algo diferente?

El 24 de agosto encontró a Alexéi Chervyakov, un hombre sin hogar que había armado una cabaña en el parque Bitsa para pasar allí los meses más cálidos del año. Pichushkin había llevado consigo un «juguete nuevo»: una pistola de pequeño calibre improvisada dentro de una pluma estilográfica. Halló al hombre dormido y le disparó en la cabeza: murió en el acto. Cuando la fiscal María Semenenko le preguntó durante el juicio por qué había cambiado la forma de matar, simplemente respondió: «Era necesario probar la pluma. Estaba harto de los pozos. Se volvió aburrido, quería experimentar».

El 30 de agosto asesinó a Yegor Kudryavtsev, otro amigo. La fiscal le interrogó sobre si su objetivo era matar a todos sus amigos. «Bueno, no a todos, algunos han muerto ellos mismos», respondió el asesino con otra de sus frases casi filosóficas. El 13 de septiembre Nikolai Ilyinsky murió de tres disparos. El 25 de septiembre, Pichushkin asesinó a un hombre de apellido Minayev y el 30 de ese mes, a un vecino y conocido llamado

Serguéi Fedorov. Con este último usó la pistola, pero no logró su cometido, así que le remató dándole en la cabeza con el martillo. Esa misma noche se deshizo de la pluma estilográfica.

El 2 de noviembre liquidó a Alekséi Pushkov, y otra vez, estuvo cerca de ser detenido. En el camino hacia el bosque, los hombres se cruzaron con la hermana de la víctima. Cuando Pushkov desapareció, la mujer hizo la denuncia a la policía e incluso avisó que le había visto dirigirse al parque Bitsa junto a Pichushkin. Sin embargo, la información no fue tenida en cuenta. El 12 de noviembre el asesino cerró el año con el asesinato de Valery Dolmatov.

2003: Más y más salvaje

La matanza continuó con pocas pausas: el 27 de marzo de 2003, Pichushkin asesinó a Víctor Ilyin; el 4 de abril, a Igor Kashtanov; el 6 de abril, a Oleg Boyarov; el 10 de mayo, atacó a un compañero de trabajo de apellido Stanova y dos días más tarde, llevó a Serguéi Chudin al parque y le ejecutó con varios golpes de martillo.

Entre mayo y octubre, en una fecha que no se pudo precisar, mató a otro hombre, cuya identidad tampoco ha sido establecida, aunque algunas fuentes le identifican como Vladimir. El 14 de octubre su objetivo fue Vladimir Fomin, alguien que, a diferencia de muchas otras de sus víctimas, era joven y tenía una familia. Su padre recordó en una entrevista con la televisión rusa que Vladimir salió esa tarde a comprar cigarrillos y nunca más supieron de él.

«Era un buen hombre, sensible y amable, cuidaba de sus amistades y se hizo cargo de su hijo recién nacido», afirmó. En 2006 la investigadora Pumyrzina le pidió que fuera a la comisaría para una entrevista y ahí se enteró de que todas las desapariciones misteriosas formaban parte de una sola investigación. Sin embargo, el cadáver de su hijo nunca apareció.

El 14 de noviembre el «maníaco de Bitsa» asesinó a Vladimir Fedosov. Su hija, Natalya, afirmó que vivían muy cerca y que conocían a Pichushkin, pero que no era amigo de su padre. Poco antes de su muerte, Fedosov compartió más de una vez con sus hijas su preocupación por la desaparición de personas en el parque Bitsa. En 2002, su amigo Alexei Pushkov se había desvanecido en el aire y seis meses después, su mejor amigo Oleg Boyarov corrió la misma suerte. Su inquietud no alcanzó para salvarle del peor de los destinos.

Después de una seguidilla de ataques exitosos, el asesino volvió a cometer otro error. El 15 de noviembre, Pichushkin llevó a un vecino, Konstantin Polikarpov, hasta el parque. Bebieron un rato y luego le golpeó tres veces con el martillo sobre la cabeza y le arrojó a una de las alcantarillas. Sin embargo, el hombre no perdió el conocimiento y, como habían hecho María Viricheva y Mijaíl Lobov, logró salir por otra abertura.

De alguna manera llegó a su casa, pero en grave estado. Los médicos que le trasladaron al hospital no creyeron que sobreviviera. Sin embargo, eso fue lo que sucedió, aunque Konstantin ya nunca fue el mismo: el daño en su cerebro había sido demasiado extenso, y además de no recordar nada sobre el incidente, tuvo distintas secuelas que le discapacitaron para siempre.

Pichushkin se sorprendió con el desenlace de este episodio: no creía posible que Konstantin siguiera vivo, pero cuando volvió a su casa el día del ataque vio a la ambulancia llevándose a su víctima. Más tarde, incluso, se acercó a Polikarpov en el patio y le preguntó qué le había sucedido. El hombre no le respondió y los vecinos le explicaron que alguien lo había golpeado en la cabeza y que no recordaba nada. A pesar de haber comprobado que Polikarpov no le causaría problemas, el incidente dejó a Pichushkin bastante conmocionado. Tanto que pasaría más de un año y medio hasta cometer un nuevo asesinato. Se escondió durante todo ese tiempo, seguramente algo asustado, pero continuó imaginando y planeando futuras acciones. Sabía que solo se trataba de aguardar.

El «asesino del ajedrez» o «maníaco de Bitsa», Alexander Pichushkin, invitaba a sus víctimas a tomar alcohol en el parque. Después de quitarles la vida, les incrustaba botellas de vidrio o palos en la cabeza.

2005: Cadáveres al descubierto

Desde mediados de 2005 y hasta su captura, el 16 de junio de 2006, Pichushkin vivió su fase más cruel y violenta, en la cual cometió más de una docena de asesinatos, uno tras otro, y mató entre dos y tres personas por mes. Este nuevo período comenzó el 8 de junio de 2005.

Pichushkin salió a caminar y aunque no estaba buscando una víctima le halló de todas maneras en la persona de su amigo Andréi Maslov, cuyo nombre figuraba en su macabra lista, según el propio acusado. Aunque la familia del hombre despreciaba a Pichushkin, los dos eran compañeros de bebida y se reunían regularmente, a veces en el apartamento de Alexander, otras en el patio y en ocasiones, en algún banco del parque Bitsa. Aquel día optaron por adentrarse en el bosque. Allí Pichushkin le atacó con el martillo y le arrojó por una alcantarilla. Los padres y la mujer de Maslov se preocuparon cuando el hombre no regresó.

Pronto hicieron la denuncia a la policía y pidieron que investigara a Pichushkin, porque estaban seguros de que su vecino sabía algo. Es más, fueron hasta su casa, pero no le encontraron y nunca más regresaron a entrevistarle; recién supieron qué había sucedido con Maslov cuando Pichushkin fue apresado. En ese momento, el padre describió al asesino como un hombre cruel: «Su propia madre, Natalya, le tenía miedo. Él siempre necesitaba dinero para comprarse unas copas, tomaba cosas de su casa y las vendía», aseguró a la prensa rusa.

Después de este hecho, Pichushkin debió realizarse estudios médicos para luego operarse de un hombro que se había desgarrado. ¿Tal vez lo hizo forcejeando y golpeando a una víctima? No es seguro, aunque los médicos que le atendieron declararon más adelante que eso era posible. Alexander contó que una vez que salió del hospital sintió que necesitaba emociones más fuertes. Golpear y arrojar a las personas a las alcantarillas o dispararles en el bosque dejaron de saciarle: quería ver la muerte de frente. También comenzó a dejar los cuerpos tirados en el bosque y a realizar una marca personal en los cráneos.

Fue así como el 28 de septiembre golpeó con el martillo, varias veces, la cabeza de Yuri Kuznetsov. El hombre se desvaneció, pero no murió en el acto. Entonces Pichushkin le bloqueó la nariz y la boca con su mano hasta ahogarle y le dejó allí tirado. Había muerto de insuficiencia cardíaca, mientras el asesino se deleitaba con su destreza y capacidad para salirse con la suya una vez más.

El 15 de octubre Pichushkin atrajo a Nikolai Vorobyov, como era habitual, invitándole a beber en el parque. El hombre en principio aceptó, pero luego pareció sospechar algo y no quiso acercarse al bosque. Entonces, Pichushkin se sentó con él cerca de una tienda, en un lugar apartado, y allí le golpeó con el martillo. Nikolai logró mantenerse alerta y comenzó a escapar, mientras su agresor le perseguía y continuaba blandiendo su arma. Finalmente, a menos de 30 metros de una avenida, le alcanzó entre unos arbustos, ya dentro del parque, donde le remató a pesar de los ruegos y pedidos de auxilio del moribundo. Allí le dejó y después se arrodilló en uno de los estanques del bosque, donde se lavó las manos y los brazos durante largo rato, ya que estaban cubiertos de sangre. Vorobyov fue la primera víctima que la policía encontró al día siguiente del asesinato.

Casi un mes más tarde, el 16 de noviembre, el exsargento de la policía Nicolás Zakharchenko fue hallado muerto en una zona cercana al bosque, con el cráneo totalmente deformado. Fue un momento de quiebre porque la prensa comenzó a instalar la posibilidad de que había un asesino en serie dando vueltas por el parque Bitsa. Le denominaron «el loco» o «la bestia». Los titulares recogieron testimonios de los vecinos de la zona sur de Moscú, quienes contaron acerca de las misteriosas desapariciones. La policía, entonces, comenzó a recorrer el parque, a vigilar las entradas y a interrogar a quienes caminaban por ahí. Sin embargo, Pichushkin no dejó de asesinar.

El 21 de noviembre martilló la cabeza de Oleg Lavrkenenko, un joven que había llegado a Moscú en busca de un destino mejor. Terminó muerto en el parque, con un palo insertado en el cráneo. Su cuerpo nunca fue hallado hasta que Alexander fue apresado y colaboró con la policía en la reconstrucción de todos sus ataques. De sus restos solo quedaban los huesos de la mandíbula y una bolsa con algunos productos que había comprado.

El 28 de ese mes, Pichushkin usó el mismo método para matar a Vladimir Dudukin, de 73 años, pero en vez de un palo usó una botella de vodka para perforar el cráneo de su víctima. El hallazgo de este cadáver provocó una ola de pánico entre los moscovitas: la televisión y la prensa comenzaron a hablar del «maníaco de Bitsa». Incluso, el mismo Pichushkin supo del maníaco: una noche, al volver a su casa, su media hermana Katya le advirtió sobre el loco que asolaba el parque. «Este loco es tan fascinante, ¿quién es?», le comentó y él se rio por lo bajo.

El 6 de diciembre, como si nada, volvió a asesinar de la misma forma, golpeando con el martillo, a Nicolás Koryagin, un hombre de 72 años, a quien dejó en el mismo lugar donde había caído.

El juego había cambiado, el asesino comenzaba a dejar algunas pistas, pequeñas migajas para que los investigadores siguieran su rastro. Más adelante, con Pichushkin ya detenido, los policías le preguntaron el motivo por el cual había decidido empezar a dejar los cuerpos a la vista, ya que si no hubiera cambiado el modo en que disponía de ellos, seguramente podría haber continuado con su actividad mucho tiempo más. Les aseguró que era simple aburrimiento, una búsqueda de nuevas emociones.

La investigadora Zharkova elaboró entonces otra teoría: «Me dio la impresión de que no podía callarlo por más tiempo, quería que todo el mundo lo supiera, quería un reconocimiento público por lo que estaba haciendo». También en 2005 apareció el detalle que caracterizó de ahí en más el estilo criminal de Pichushkin: el uso de palos o botellas de vodka incrustadas en el cráneo de sus víctimas. Durante el juicio, se le preguntó por qué había hecho eso. «Por la noche, el bosque está muy tranquilo, y cuando una persona yace con la cabeza rota, sale un silbido, fuerte y desagradable. Si mueves el cerebro, el silbido cesa. Así que usé lo que tenía en mis manos», contestó.

Esta técnica se convirtió en una suerte de tarjeta personal de presentación de Pichushkin. Los medios centraron toda su atención en el caso, hecho que infló su ego y avivó su deseo de seguir matando. Al mismo tiempo, la policía se abocó de manera urgente a encontrar al asesino. Pero los cuerpos seguían apareciendo y todavía no tenían idea de quién podría ser el autor.

El 16 de diciembre volvió a matar. La víctima, Víctor Soloviev. Dejó su cadáver con una botella en el cráneo abandonado en medio del bosque. La policía encontró solo algunas partes del cuerpo: los perros callejeros se habían comido el resto. El 19 de diciembre, Boris Grishin, de 64 años, también murió a manos de Pichushkin y el 26 Alexander Lyovochkin se convirtió en la última víctima de 2005.

Para fin de año, la cantidad de cadáveres encontrados en condiciones similares confirmó la idea de que se trataba de un asesino en serie. Era necesario atraparle cuanto antes. Pero las escenas de los crímenes no proporcionaron pruebas claras, ya que no había huellas, ni cabellos, ni rastros de pisadas.

2006: Varias pistas y un final

Hacia principios de 2006, el científico forense Vladimir Vorontsov logró determinar que el arma homicida era un martillo. Eso era todo. El investigador principal, Andréi Suprunenko, quien se había hecho cargo de la investigación en febrero de ese año, le pidió al psicólogo forense Mijaíl Vinogradov que realizara un perfil del «maníaco de Bitsa».

Vinogradov indicó que seguramente era un hombre de unos 30 a 35 años, de buena contextura, porque había logrado atacar

Alexander Pichushkin no se arrepintió de los asesinatos que cometió y era plenamente consciente de lo que hacía. En sus declaraciones, relató con frialdad los detalles de los crímenes y de los lugares de cada hecho.

y eliminar a hombres fuertes. También, asoció sus supuestas características psicológicas con algunos rasgos físicos: podía tener una cara alargada, los ojos juntos y la nariz grande. Sobre la base de esta descripción, la policía realizó un retrato robot que distribuyó entre los vecinos, y que pegó sobre paredes, postes y esquinas alrededor del parque.

Una vez que Pichushkin fue apresado, sus compañeros de trabajo se dieron cuenta de que durante esos días el asesino había cambiado su apariencia —llevaba el pelo muy corto y teñido—.

Mientras tanto, la investigación concentró su atención en el hospital psiquiátrico ubicado cerca del parque. Algunos pacientes tenían permitido salir durante el día y era posible que alguno de ellos fuera el asesino. Pero un examen más minucioso de los internos mostró que ninguno encajaba en el perfil del posible criminal.

Otro intento por localizar al asesino consistió en desplegar más de 200 agentes por todo el bosque con instrucciones de vigilar la zona e interrogar a cualquier persona que levantara la más mínima sospecha. Dos policías de civil quisieron detener a un hombre una tarde, pero este les atacó con un cuchillo. Los agentes le dispararon en una pierna y debió ser hospitalizado. ¿Sería el asesino? Resultó que el pobre transeúnte se había asustado de los hombres —sin saber que eran policías— y quiso defenderse. Una rápida investigación comprobó que había estado lejos de la zona de Bitsa la mayor parte de los días en que se llevaron a cabo los asesinatos.

Unas semanas más tarde una consigna policial detuvo a un travesti que llevaba un martillo en su bolso. Todo parecía cerrar: tenían al homicida y su arma. Los periódicos publicaron la captura del «maníaco de Bitsa» en la portada, pero la policía sabía que necesitaba investigar más. Después de 24 horas comprobaron sus coartadas y determinaron que era imposible que hubiera cometido los hechos. Llevaba el martillo justamente para protegerse del asesino cuando atravesaba el parque.

Entonces todo regresó a foja cero y Pichushkin, indignado por el episodio de la detención fallida, volvió a asesinar. El 27 de febrero de 2006 mató a Yuri Romashkin, de 55 años, y el 4 de marzo a Stepan Vasilchenko, un conocido filólogo y estudioso que aceptó la propuesta de pasear por el parque con él. «Me indignó muchísimo que detuvieran a un miserable como chivo expiatorio, me enfureció tanto que maté a dos personas en una semana», afirmó Pichushkin.

A pesar de que el círculo parecía cerrarse sobre él, Pichushkin seguía escogiendo víctimas. Y no solo eso, cada vez incrementaba el riesgo y atacaba a personas cada vez más cercanas: su siguiente objetivo fue un colega, Makhmud Zholdoshev, que trabajaba como cargador en su misma tienda. Lo asesinó el 24 de marzo tal como había hecho con los últimos hombres, pero escondió el cuerpo en el bosque, pensando que si las autoridades lo hallaban y lograban identificarle irían al supermercado a hacer preguntas y allí le encontrarían.

La policía prácticamente había sellado el parque y un helicóptero sobrevolaba la zona durante todo el día. La gente estaba atenta y el tema del «maníaco de Bitsa» era moneda corriente en las conversaciones. Así y todo, el 12 de abril Pichushkin logró atraer al bosque a una compañera de trabajo llamada Larisa Kulygina. «Teníamos una relación cercana con ella. La invité al bosque. Ella me dijo: «¡Ah, allí está deambulando el loco!». Le pregunté si tenía miedo. «¡Hay más policías que árboles!», respondió Larisa, y nos fuimos al parque», explicó Pichushkin cuando le interrogaron.

Le golpeó numerosas veces con el martillo y esta vez arrojó el cadáver en un drenaje local que no llevaba a ningún lado, porque todas las tapas de las alcantarillas habían sido selladas con hormigón. Pero si le dejaba algo oculta y dentro del agua, lograría esconder el rastro y borrarlo, al menos por un tiempo. Pichushkin no dio más datos sobre este asesinato: «No contaré los detalles de su muerte porque ella era una buena mujer». El cuerpo fue hallado pasados unos días del homicidio, pero no pudo ser identificado hasta principios de junio, cuando los perros rastreadores encontraron su pasaporte.

El 14 de junio Pichushkin volvió a abrevar en su propio lugar de trabajo para encontrar a su próxima víctima. Pero esta sería la última. Al fin y al cabo, Marina Moskalyova salvó la vida a decenas de personas que podrían haber caído en manos del asesino con el simple hecho de haber anotado el número de teléfono de su compañero en un papel y conservado el billete del metro en su abrigo. Nadie sabrá exactamente por qué dejó los datos a su hijo, por qué decidió salir con su compañero de trabajo, por qué no intentó regresar antes...

Lo cierto es que el asesino le mató como a los demás, aun sabiendo que su carrera asesina iba a concluir para siempre. «Debe haber sentido algo. Estuvo temblando todo el camino. Incluso me advirtió que había dejado una nota para su hijo, diciéndole con quién había salido y dónde. Pero para mí de todos modos, fue lo mismo. No pude evitar matar. Por lo tanto, no hay que vincular a la policía con el hecho de que fui atrapado. Me entregué. Soy un profesional», dijo Pichushkin sobre su captura.

¿Sentía una compulsión o no quiso refrenar sus impulsos? Tal vez este fue un intento de detener su conducta: él no era capaz de hacerlo, así que alguien debía ponerle un límite. O quizá pensó que la suerte volvería a acompañarle, que se cometería un nuevo error y otra vez podría seguir su camino, sembrando muerte y horror a cada paso.

Lo cierto es que el 16 de junio de 2006 la carrera criminal de Pichushkin terminó para siempre. Queda solo el duelo por las víctimas y la presencia invisible de las decenas de marcas indelebles en el gigantesco parque de Moscú que guarda en silencio el recuerdo de los horrores cometidos allí por el «maníaco de Bitsa».

PERFIL CRIMINAL

Nacimiento: 9 de abril de 1974 en Mytishchi, Rusia.

Nombre y ocupación: Alexander Yuryevich Pichushkin, empleado en un supermercado.

Infancia y juventud: a los 4 años sufrió un golpe traumático en la cabeza, estudió en una escuela especial, donde fue objeto de burlas y humillado por sus compañeros. Vivió en un bloque de pisos del sur de Moscú casi toda su vida. En su adolescencia estudió en una escuela de carpintería.

Familia: su padre le abandonó cuando era un bebé. Le criaron su madre, Natalya, y su abuelo materno. Tiene una media hermana, Katya.

Perfil psicológico: de rasgos psicopáticos, buscaba el reconocimiento y la fama. Su objetivo consistía en superar al asesino en serie Andréi Chikatilo en número de víctimas. No expresó remordimiento ni culpa por sus asesinatos, de los cuales era plenamente consciente.

Tipo de víctimas: en su mayoría, hombres mayores, solitarios, desempleados y pobres.

Crímenes: aunque aseguró haber matado a 61 personas, fue condenado por 48 asesinatos y tres intentos de homicidio.

Modus operandi: atraía a sus víctimas hasta el parque Bitsa, al sur de Moscú, para matarles empujándoles a los pozos de las alcantarillas o golpeándoles con un martillo en la cabeza. En algunas de ellas, clavó una botella de vodka o un palo en las heridas del cráneo.

Condena: sentenciado a prisión perpetua, cumple actualmente condena en la cárcel conocida como Búho Polar, en el norte de Rusia.

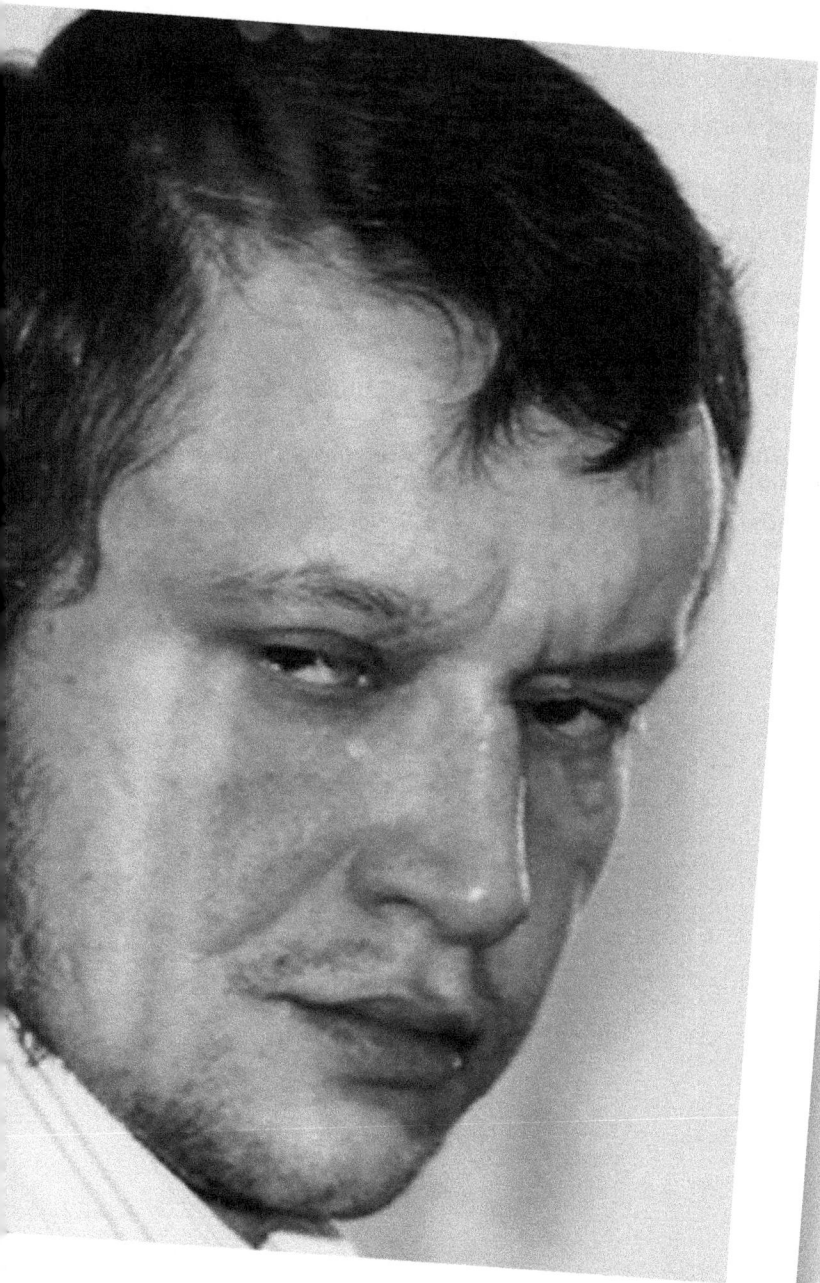

Bibliografía

Blundell, Nigel. *Serial Killers: The World's Most Evil*. Wharncliffe, Barnsley, 2010.

Greig, Charlotte. *Serial Killers*. Arcturus Publishing, Londres, 2017.

Harrington, Roger. *Alexander Pichushkin: The Shocking True Story of The Chessboard Killer*. Publicación independiente, 2018.

Marriott, Trevor. *The Evil Within: A Top Murder Squad Detective Reveals The Chilling True Stories of The World's Most Notorious Killers*. John Blake Publishing, Londres, 2013.

Martínez, Nicky. *Horror in the City: Serial Killers*. Lulu Press, Morrisville, 2013.

Odell, Robin. *The Mammoth Book of Bizarre Crimes: Incredible Real Life Murders*. Constable & Robinson, Edimburgo, 2010.

Ramsland, Katherine; Newton, Michael et al. *Serial Killer Quaterly Vol. 1 No. 1 «21st Century Psychos»*. Grinning Man Press, Montreal, 2014.

Real Crime Book of Serial Killers. Imagine Publishing, Bournemouth, 2016.

TÍTULOS DE LA COLECCIÓN